KB267376

다북동 전투

채수정 단편소설선집

도서출판 한생명

지금 나라가 총체적으로 어렵습니다. 이 한 권의 소설선집이 애국하는 간절한 마음에서 조금이나마 국가 번영과 회복에 도움이 되기를 기대하면서 이 책을 출간합니다.

작가에게는 분명 시대적 책무(責務)가 있어, 그 시대에 살면서 말하고 싶은 메시지를 문학 작품이란 장르를 통해, 붓을 세웁니다.

지금까지 살아온 80여 년을 잠시 뒤돌아봅니다. 숱한 애환과 사건들이 켜켜이 교차해 옵니다. 생각해 보면 지금까지 겨우겨우 잘 살아온 것은 온전히 하나님의 갸륵한 은혜였음을 알게 됩니다.

나는 20대 젊은 시절 ROTC 장교(중위)로 '울진·삼척 무장공비 침투 대간첩작전' 현장에 18명의 부하(하사관)를 이끌고, 특공대장으로 참전한 바 있습니다. 그리고 3년 뒤에는 충남 지하당 조직책 거물 고정간첩 한은동(68세, 가명)이 검거되고, 전향되므로 벌어진 '안면도 역용공작 대간첩작전(보안사 주관)'에도 현지(서산, 당진지역) 파견 대장으로 임무를 명령받고 참전했었습니다.

이 두 작전에서 필자는 생사를 넘나드는 인간의 생명력과 자유민주주의와 공산주의 이념과 진정한 애국(愛國)이 무엇인가를 똑똑히 체험하며 볼 수 있었습니다. 그 후, 이렇게 몸소 체험한 경험을 바탕으로 쓴 첫 밀리터리 장편소설이 『소명(召命)』이었습니다.

다음은 춘원 이광수에 관한 이야기입니다. 대학 시절, 우리 문학도들에게는 춘원(春園)은 하나의 로망(Roman)이었습니다. 그러나 해방되면서 춘원은 반민특위(反民特委-반민족행위특별조사위원회) 재판정에 끌려나가, 법정에서 "나의 친일 행위에 대한 진심은 먼 훗날 역사가 제대로 심판할 것이다. 나는 오로지 나라의 장래를 위해 친일을 했을 뿐이다."라고 당당하게 말하고 있었습니다.

그래서 나는 오랫동안 각종 역사적인 자료들과 씨름하면서 춘원이 초기에는 김구 상해임시정부에서 독립선언문(獨立宣言文) 등을 쓰면서 그토록 애국하다가 갑자기 친일로 변절한 그 진심이 과연 무엇이었나를 역사적 재조명(再照明)하면서, 이 작품을 썼습니다. 바로 이 작품이, 『아버지는 풍금을 치고』의 춘원의 장편소설입니다. 그다음으로는 6.25 한국전쟁 때, 절체절명의 최후, 낙동강 방어선 '다부동 전투'에서 극적으로 조국 대한민국을 구해낸 백선엽 장군의 실록 장편소설 『하늘의 별이 되어』의 이야기입니다.

그가 100세 나이로 별세했을 때 청와대와 민주당은 애도(哀悼) 논평 한 줄 내지 않았습니다. 국군 통수권자인 문재인 대통령도 조문하지 않았습니다.

집권세력은 그가 일제 강점기 20대 초반 나이에 '간도특설대'에 배치되었다는 이유만으로 그를 '친일반역자'로 몰고 갔습니다. 백악관과 국무부, 전 주한미군 사령관들은 모두 애도 성명을 냈습니다. '6.25전쟁, 구국의 영웅' '위대한 군사 지도자'라는 최고의 헌사(獻詞)를 그에게 바쳤습니다. 마땅히 우리 정부가 해야 할 말을 외국이 대신하는 기막힌 일이 벌어진 것입니다. 백 장군의 100세 생일도 유엔사가 대신 챙겨 주었습니다.

지금 우리가 누리는 자유와 번영은 누구의 희생 덕분인가요? 그저 부끄러울 뿐이었습니다. 이러한 모습들을 보면서 필자는 더한 층 결심하고, 기를 쓰면서 백선엽 장군 실록 장편소설을 출간했습니다. 다행히도 국방부는 이 책을 '진중문고' 도서로 선정, 인정하고 납품되므로, 지금 국군 장병들이 이 책을 열독하고 있다는 사실을 하늘에서 백 장군님이 아신다면, 얼마나 기뻐하실까를 생각하면 제 가슴이 지금도 먹먹해집니다.

이번 '채수정 단편소설선집'에 사형수 박정희 소령을 극적으로 살려내고, 아이크 미 대통령을 만나 담판으로 '한미상호방위조약'의 토대를 이끌어 내는 멋진 역사적 장면은, 다부동 전투 승리뿐만 아니라, 그 당시 백선엽 장군이 이 나라에 끼친, 그 공로가 얼마나 지대했던가를 여실히 보여주고 있습니다.

산수(傘壽)를 뛰어넘는 필자의 인생 막바지 나이에서, 이번 소설선집 출판기념회는 저에게 있어서는 너무나 과분하고 영광스러운 일이며, 한편으로는 복된 하나님의 은혜라고 생각합니다. 하나님께 두 손 들고 감사드립니다.

그리고 저를 위해 후원하시고 〈백선엽 장군 추모 송년음악회〉로 이번 출판기념회를 더욱 빛내주신 '백선엽장군기념사업회'와 '고넬료회 찬양대'에 깊은 감사를 드립니다. 또한 저에게 도움을 주신 모든 단체와 귀하신 여러분들께도 진심으로 마음을 모아 감사드립니다.

2025. 11.　저자 채수정

다부동 전투

다부동 전투

여기서 더 이상 물러설 곳이 없다. 이곳 다부동 전투에서 패퇴하면 낙동강 전선이 완전히 무너진다. 그러면 부산이 함락되는 것은 시간문제다. 그러면 이 나라가 어떻게 될 것인가. 생각해 보면, 선엽은 눈앞이 아찔해진다. 오늘 선엽은 다짐하면서 또 생각한다. 이번 다부동 전투는 어쩌면 내 마지막 싸움터인 것 같았다. 여기서 곱게 살아서 나갈 것 같지 않았다.

이곳은 죽음으로 반드시 지켜야 할 곳이므로 죽음을 담보로 해야 한다. 김일성의 정예 3개 사단을 1개 연대 정도의 병력으로 맞서 싸워야 하는 절대 불리한 싸움에서, 내세울 수 있는 것은 처절한 저항과 용감한 죽음밖에는 아무것도 없었다.

선엽은 자신이 이 싸움에서 죽는다고 생각하니, 여러 가지 생각이 떠올랐다. 먼저 어머니가 떠올랐다. 작년만 해도 반백이시던 머리카락이 올해는 하얗게 세신 내 어머니가 갑자기 보고 싶어졌다. 얼마 전에 당신의 아들이 별을 달았는데, 어머니가 그렇게도 원하셨던 장군이 되었는데, 이 모습을 어머니에게 자랑하고 싶은데, 지금 못 보여 드려서 안타깝고, 그저 답답할 뿐이었다.

억센 효엽이 누이를 피해, 새벽마다 '우리 아들 선엽이가 멋진 장군이 되어 이 나라를 위해 큰 인물이 되어 달라'고 쉬지 않고 기도하시던 내 어머니 방효열 님이, 오늘 따라 더욱 그립고 보고 싶다. 그날은 정말 이상했다. 별로 달갑지 않은 그런 엉뚱한 생각들이 떠오르다니, 참 별일이네 싶기도 했다.

7월 27일, 상주 우체국의 사단지휘소에 신성모 국방장관과 정일권 참모총장이 예고 없이 방문했다. 백선엽 사단장 어깨에 별(星)을 달아 주기 위해 온 것이다.

"백 장군! 장군 승진을 축하하오!"

두 사람은 진심으로 장군 승진을 축하해 주고 있었다. 그 순간 엉뚱하게도 선엽의 머리에 제일 먼저 떠오른 것은 어린이 동무, 계집애 '차지영'이었다. 웬일일까. 그 계집애가, '너는 장군이 절대 못 된다'라고 마구 지껄이던, 약송보통학교 여자 친구, 지영이가 떠올랐던 것이다. 그때 그 말에 선엽이는 남자의 자존심이 엄청 상했던 모양이다.

'내가 언젠가는 꼭 장군이 되어, 너 그 높은 콧대를 꺾어 놓을 거야!’ 했던 어릴 적 그 결심을 지금까지 까맣게 잊고 살았는데, 어떻게 별을 다는 그 순간에 그 생각이 떠올랐을까를 생각하니 선엽은 절로 쓴웃음이 나왔다.

그다음은 자신의 가족이 생각났다. 6·25가 터지던 날, 아침 7시경 사단작전참모 김덕준 소령으로부터 이 소식을 듣고 복장도 제대로 갖추지 못하고 정신없이 뛰쳐나올 때, 신당동 집에는 처와 두 돌 지난 딸이 있었다. 오늘은 내 딸 남희도 무척 보고 싶었다. 막상 죽는다고 생각하니 보고 싶은 사람이 이렇게 많을까….

평생 어머니 당부대로 늘 챙겨야 하는 동생 인엽은, 17연대장으로 오산 지역에서 스미스 대대와 같이 지금 나보다 더 잘하고 있었으니 걱정은 없었다. 어머니는 평소 입버릇처럼 얘기했다. 당신의 태몽 ‘북두칠성’의 이야기를…. ‘당신들은 언젠가는 우리 집 안에서 떠있는 북두칠성을 꼭 보게 될 거야!’

어머니는 주변 이웃과 보는 사람마다 당신의 두 아들 자랑을 신나게 하고 다녔다. “어머니의 평생 그 꿈을 이루어 드리지 못하고 여기서 먼저 세상을 떠나는 이 불효자를 용서하세요.” 선엽은 혼자 중얼거리고 있었다.

이제 죽는다고 생각하니 지난 일들이 막 떠오르고 있었다.

어릴 적 가난과 외로움이 백선엽의 인성(人性)

선엽이 일곱 살 때 아버지 백윤상은 어느 날 홀연히 가출했다. 젊은 아내와 세 남매를 남겨 두고 어디론가 가버렸다. 아버지 없는 외로움과 가난으로 선엽은 이때부터 철이 빨리 들었다.

"우리 아버지! 정말 이럴 수는 없다."

일곱 살, 한참 철없이 뛰어노는 나이에 선엽은 벌써 애늙은이가 되어, 훌쩍 가출해 버린 아버지를 혼자 원망하고 있었다.

그의 손에는 늘 책 같은 것이 들려 있었다. 조잘대야 하는 나이에 그는 늘 말이 없었고, 친구 없이 늘 외톨이 혼자였다.

엄마 방효열은 이런 아들이 좀 걱정됐다. 철없어야 할 아들이 일찍 어른처럼 되어가는 것이 많이 염려됐다. 너무나 생계가 어려워 어린 세 남매를 데리고 대동강 선교리 철교에 올라 목숨을 버리고자 했을 때 하나님은 방효열을 몹시 꾸짖었다.

"선엽을 해치지 말라!" 하는 큰 음성으로 하나님은 경고했다. 집안 삼대째 독실한 감리교 집안에서 자란 엄마 방효열 가슴에는 기독교 모태 신앙이 있었다. 예수 그리스도의 사랑으로 지금까지 자식들을 키워왔다. 그래서 선엽은 평생 그의 삶 속에서 '착할 선(善)' 자를 잊어 본 적이 없었다고 한다.

"장군님은 왜 그를 그토록 돕습니까?"

주변 사람들이 물어 오면 "내 이름에 '착할 선' 자가 있지 않나."라며 껄껄 웃어넘기던 선엽이었다. 좌익 여수 반란군 군사책으로 군사재판에서 사형을 선고받고 곧 죽게 될 박정희 소령을 백방으로 뛰어다니며 살려줬을 때도 그는 그랬었다.

6·25 전 최전방 1군단장으로 동부전선을 지키다가 지리산 공비를 토벌하라는 이승만 대통령의 명령에 그는 많은 전과를 올렸다. 그때 죽은 공비들의 자식, 고아들이 3~400여 명이나 되는 것을 보고 장군은 슬피 울었다. 백 장군은 그 고아들을 버리지 않았다. 거두어 주기로 하고, 사비를 들여 '백선(白善)'이라는 고아원을 설립하여 그 후, 끝까지 그 고아들을 돌보면서 평생 그의 사랑의 줄을 놓치지 않았다.

세월이 흘러 그 고아들이 칠십 대 노인이 되어 집단으로 백 장군을 찾아왔었다. 와서는 '장군 아버지'라고 부르며, 버려진 자신들을 지금까지 사랑으로 거둬준 그 은공에 보답하고자 했다.

또 백 장군은 전투 중에도 부하를 단 한 번도 즉결처분을 한 일이 없고 사람들이 보는 앞에서 부하들을 구타하지도 않았다. 이 모든 것은 그의 마음 깊은 곳에 모친으로부터 물려받은 기독교의 깊은 사랑이 있었기 때문이리라.

평소 자신의 말처럼 자신의 이름 속에 착할 선(善) 자가 있어, 나를 그렇게 만들었다는 백 장군의 말을 사람들은 믿고 있었다.

선엽의 나이 17세 때인 1937년에 일본은 만주 일대를 점령하고 드디어 중국 대륙까지 넘보고 있었다. 이때에도 선엽은 늘 이와 같은 인성으로 독서에 파묻혔고, 언제나 혼자였다. 다행히 공부는 잘해서 좋은 성적으로 약송보통학교를 졸업하게 되었다.

선엽은 진로(進路)를 놓고 고민했다. 어디로 갈 것인가. 무엇을 할 것인가. 일본 식민지의 3등 국민으로 태어나 이 땅에서 할 수 있는 일은 무엇일까.

그에게는 가난이라는 짐이 있었다. 어머니는 두 아들의 뒷바라지를 위해 계속 남의 집에서 가정부 일을 해야만 했다. 선엽이보다 다섯 살 많은 누이, 효엽 역시 이 땅 위의 가난한 가정에서 살아야 했던 다른 많은 누이들처럼, 동생들을 위해 묵묵히 돈을 벌어야 했다. 선엽은 자신의 진로를 김갑린 담임 선생님과 상의했다.

"선생님! 내레 어디루 진학해야 좋을지 잘 모르겠네요."

김갑린 선생은 단호히 말했다.

"선엽의 가정이 어려우니 돈이 들지 않는 사범학교에 진학하는 것이 좋을 것 같다."

말없이 듣고만 있는 선엽을 물끄러미 바라보던 선생님은 다시 말을 이었다.

"돈 안 드는 사범학교에 진학해 졸업 뒤 초등학교 선생을 하는 것이 너희 집안을 위해 좋을 것 같다만…"

뒤끝이 좀 명쾌하지 않았지만, 그것은 선엽의 인성이 학교 선생에 잘 맞을지 하는 것은 자신도 잘 모르기 때문이었다.

김갑린 선생의 말에 선엽의 얼굴에는 금세 결심 같은 야무진 표정이 되어 갔다.

당시 사범학교는 지금의 서울인 경성과 평양, 대구 등 모두 세 곳에만 있었다.

나중에 전주와 함흥에 사범학교가 추가로 더 생겼지만….

선엽은 자신의 진로를 결국 평양사범을 선택 지원했다. 나서는 김에 또 평양도립상업학교에도 지원했다. 이 두 곳은 당시 공부 잘하는 학생들이 대거 몰리는 곳이었다. 선엽은 용케도 두 곳에 다 합격했다. 가장 기뻐했던 사람은 어머니 방효열이었겠으나, 실은 그렇지 않은 듯했다. 집안이 가난하여 비록 국비로 평양사범학교로 진학하지만, 방효열의 깊은 가슴에는 밖으로 쉽게 드러낼 수 없는 비밀 같은, 자신만이 아는 소원 같은, 기도 제목이 따로 있었다.

남편 없이 외톨이로 살아가면서 오직 장남 선엽이를 의지하며 살아온 어머니의 간절한 기도 제목은 정말 따로 있었다.

'주여! 우리 선엽이 군인이 되어, 장차 이 나라를 지키는 큰 장군이 되게 인도하옵소서.' 정말 어머니는 엉뚱한 데가 있는 사람이었다.

"장하다! 수재들만 가는 평양사범에, 우리 아들! 그동안 정말 수고했다."

어머니는 선엽을 와락 끌어안으며 기뻐서 눈물까지 보였지만, 그녀의 마음 한구석에 크게 자리 잡고 있는 기도 제목이 따로 있었으므로, 어딘가 서운한 감정이 숨어 있었으리라.

대동강 벽루에 이름이 크게 쓰여 있는 선엽의 외조부 참령의 늠름한 군인 초상화를 집안에 걸어 놓고, 선엽이가 늘 보게 했던 어머니의 간절한 소망은 이렇게 따로 있었다.

땅에 떨어지지 않는다는 어머니의 간절한 기도 속에서 선엽은 평양사범학교에 입학했다.

그 후 선엽이 평양사범학교에 들어갔다고 해서 신상에 크게 달라진 것은 아무것도 없었다. 여전히 꾸준히 독서를 하고 늘 외톨이고, 무언가 늘 생각하는 버릇은 그때나 지금이나 똑같았다.

한 가지 변한 게 있었다면 가정 형편이 좀 좋아졌다는 것이다. 평양고무공장에서 돈벌이 하는 어머니와 누이 수입 덕에 선엽의 사범학교 시절 생활이 보통학교 때보다 다소 좋아진 것이 좀 달라진 점이었다.

그러나 이제 소년에서 청년으로 되어 가면서 선엽은 모든 것이 서서히 달라지고 있었다. 다각도로 더욱 많은 생각을 하고 있었다. 그것은 한반도를 둘러싸고 있는 종주국 일본 제국의 힘이 도대체 어디까지 뻗을 것인가. 일본은 그야말로 세계를 제패할 수 있을까. 미국과 러시아와 중국과의 관계에 있어, 일본의 존재에 대한 생각들이 선엽의 머리를 늘 뒤흔들고 있었다.

“일본도 언젠가는 패망할 수 있다.”

선엽은 여기까지 생각하고 있었다. 그렇다면 우리는 지금부터 무엇을 준비해야 하는가를 골똘히 생각하면서 선엽은 더욱 실력을 쌓는 독서에 열을 올렸다.

그러나 생각해 보면 청년기에 들어선 선엽에게는 그래도 가장 큰 영향을 준 사람은 어머니와 외할아버지였다.

두 사람은 좋은 기억에 있는 것이지만, 아버지라는 존재는 후일, 어떤 기록에도 좀처럼 볼 수 없는 나쁜 기억으로 남아 있었다.

유광종 작가의 『백선엽을 말한다』에서도 서술하고 있지만, 아버지 백윤상은 활달한 기운을 지녔던 인물이었다. 선엽의 부모가 서로 부부의 연을 맺었던 스토리는 지켜볼 만한 대목이다.

그 혼사를 이끈 사람은 선엽의 외할아버지 방흥주였다. 그는 당시 참령이라는 계급으로 평안도의 군사(軍事)를 이끌던 지체 높은 군인 신분이었다.

어느 날 참령 방흥주가 길을 가다가 어느 동네에 이르러 아이들이 벌이는 전쟁놀이가 너무 재밌어, 한참 보고 있었다 한다.

'저놈~ 허 참!' 그중 한 아이가 리더로서 하는 짓이 너무 마음에 들어 감탄하면서 그 아이를 불러 세웠다.

"네 이름이 뭐냐?"

방흥주는 숨이 차서 씩씩거리는 그 아이를 바라보며 물었다.

"예 백윤상이라 합니다. 어쩐 일이십니까?"

아이는 참령 방흥주를 올려다보며 큰 소리로 물었다.

"응, 너희들 전쟁놀이가 재미있어서 그런다. 네 집은 어디냐? 앞장서 보거라!"

백윤상은 지체가 높아 보이는 방흥주를 곧장 자신의 집으로 안내했다.

그런 후 이어 혼사가 오갔다. 참령 방흥주는 자신의 딸 효열의 배필로 전쟁놀이에서 매우 능하고 활달한 기운이 넘쳐 보였던 백윤상을 점찍은 것이다.

비록 아이들 전쟁놀이의 수준이었으나, 리더로서 훌륭히 팀을 지휘하는 솜씨가 매우 탁월했기 때문이다. 이는 적어도 당시 높은 지위의 군인 신분이었던 방흥주의 눈에 금세 띌 정도였으니 말이다.

그 아버지에 그 아들이라는 말이 있다. 피는 못 속인다. 이러한 아버지 밑에서 태어난 백선엽이니, 그 DNA가 어디로 가겠는가. 6·25 전사에서 가장 크고 빛나는 승리를 이끌어 낸 구국의 영웅이 바로 백선엽이 아니던가.

이와 같이 청년 백선엽의 핏속에는 비록 사범학교에 적을 두고 있었지만, 따로 운명처럼 군인의 길이 마음속에 늘 자리를 잡고 있었다. 사범학교에 가서도 생각은 늘 세계대전, 정세라든지, 전쟁 쪽에 있었다. 사범학교 과는 심상과(尋常科)였다. 소학교 또는 보통학교 교사를 양성하는 과정으로 한국 학생은 90명, 일본인 학생은 10명이었다.

다행히도 이때 영어를 배울 기회가 찾아왔다. 사범학교에서 매주 두 시간씩 영어 교육을 실시했다. 일본이 잠재적인 적(敵)이랄 수 있었던 미국과 영국의 언어인 영어를 자신들이 통제하는 교육기관에서 배우도록 했다는 점에 있어서, 선엽은 놀랐다.

이는 일본의 자신감으로 보였고 적을 알아야 대응을 제대로 할 수 있다는 일본의 현실감으로 보였다. 그러면서도 선엽은 머리와 가슴으로 차갑게 항상 어느 한 곳에 머물며 떠나지 않는 궁금증이 있었다.

그것은 조선을 합병한 진짜 일본의 실체와 태평양 건너에서 점차 세계의 강국으로 떠오르고 있던 미국이라는 존재였다.

사범학교 4학년 때 그는 동급생들과 함께 만주 여행을 떠났다. 일종의 수학여행이었다. 그의 눈에 우선 들어온 것은 거대한 철로였다. 그 거미줄과 같은 철로를 오가면서 선엽은 큰 충격을 받았다. 봉천에서 북으로는 장춘, 동으로는 대련, 동북으로는 안동으로 이어지는 철도였다.

일본은 이곳 만주를 점령한 지 10년도 채 지나지 않은 시점에 거대한 계획도시 신경을 새로 세우고 있었으며 만주 무순(撫順)의 탄광, 안산(案山)의 철강, 백두산 일대의 목재 등 천연자원을 대규모로 개발하며 중국 대륙을 석권할 꿈에 젖어 있는 것을 보았다.

하얼빈을 거쳐 다시 거꾸로 고향에 돌아오는 길에서 청년 백선엽은 일본에 대해 다시 생각해 보기로 했다. 일본은 과연 언제까지 무력으로 점령한 조선과 만주, 나아가 중국에서 힘을 지속적으로 행사할 수 있을까. 제국의 힘은 영원한 것일까. 그렇다면 우리는 어떻게 이들의 힘에 대응할 것인가. 머릿속으로는 수많은 생각이 흘러갔지만, 선엽은 통 갈피를 잡을 수 없었다.

이듬해 선엽은 또다시 만주를 살펴보면서 큰 충격을 받았다. 평양사범학교에 돌아와 학업을 계속하면서도 그 충격이 잘 지워지지 않았다. 그러다가 다시 단체로 수학여행을 떠날 기회가 찾아왔다. 이번에는 식민 제국의 본거지인 일본을 직접 여행해 보는 기회였다. 일정은 약 2주일이었다.

부산을 떠난 배는 시모노세키에 먼저 들렀다. 이어 히로시마와 오사카, 교토와 나라를 거쳐 닿은 곳은 제국의 심장부 도쿄(東京)였다. 일본은 당시 '전승의 시대'를 구가하고 있었다. 조선에 이어 만주를 점령하고, 나아가 중국 대륙으로 기세를 뻗치고 있었다. 동남아에서도 일본 제국의 힘은 저들의 표현대로 해가 떠오를 때의 '욱일승천(旭日昇天)' 기세로 거침없이 뻗어 나가고 있었다.

그런 일본의 국가 분위기는 평양사범학교 졸업반 5학년 학생 백선엽의 눈을 매우 어지럽히고 있었다. 사람들은 분주하게 거리를 오갔고, 건물은 서울과는 비교할 수 없을 정도로 휘황찬란했다. 모든 사회 간접시설이 잘 갖춰진 채 빈틈없이 돌아가고 있었다.

청년 백선엽은 일본 육군의 커다란 요요기 연병장 한구석에 자리를 잡을 수 있었다. 행사가 시작되고 있었다. 먼저 일본 왕이 들어섰다. 미국을 상대로 태평양전쟁을 벌였다가 결국 패전한 미치노미야 히로히토였다. 백마를 타고 요요기 연병장 입구로 들어서던 그는 천천히 손을 들어 열광적으로 환호하는 관중들에 답례했다.

그 뒤를 이어 제2차 세계대전의 전범으로 몰려 사형대에 올랐던 도조 히데키가 들어섰다. 도조는 당시 검은색 말을 타고 있었던 것으로 백선엽은 기억하고 있었다.

셋째로 입장한 사람은 히로히토의 동생 다카마츠노미야 노부히토였다. 그는 해군복을 입고 갈색 말에 올라탄 상태였다. 그리고 일본이 자랑하는 모든 현대식 무기가 뒤를 이어 입장했다.

말하자면 일종의 관병식(觀兵式)이었다. 자신들이 보유한 무기와 병력, 그리고 시스템 등을 총망라해 힘을 과시하고자 하는 제국의 대형 이벤트였던 셈이다. 거대한 야포가 등장했고, 전차가 굉음을 내며 굴러 들어왔다. 듣지도 보지도 못했던 일본의 무기들이 청년 백선엽의 시야에 가득 들어오고 있었다. 세계 첨단의 기계화 부대, 항공기 등이 줄을 이었다.

일본은 정말이지 이제 더 올라갈 곳이 없는 세계 최강의 자리를 향해 가고 있다는 생각이 선엽의 뇌리를 스쳤다. 그리고 그런 생각은 평양사범에 돌아와서도 한참을 머물렀다. 그런 과정이 계속 반복되고 있었다. 착잡하기 그지없었다. 일본의 힘을 실제 자신의 눈으로 보기 위해 나선 수학여행 길이었다.

그러나 정작 눈앞에서 벌어지고 있는 요요기 연병장의 광경을 지켜보면서 청년 백선엽은 놀라움을 금치 못하고 있었다. 지금까지 자신이 걸어온 길이 너무나 편협되고 우물 안 개구리였나를 일깨워 주고 있었다. 내가 걸어가야 할 길은 딴 곳에 있었음을 선엽은 뒤늦게 확실히 알게 되었다.

군인의 길은 선엽의 운명

오늘은 어릴 적 약송보통학교 다닐 때 알게 된 여학생 친구, '차지영' 얼굴이 새삼스럽게 떠올랐다. 나보다 한 살 위 누나지만, 친구처럼 격의 없었다. 어찌나 영특한지, 그리고 그네집이 엄청 부자라서 그런지 몰라도, 말하다 보면 내가 늘 꿀리고 비참해지기 일쑤였다.

어느 날 그녀는 내게 물었다.

"너는 장차 어떤 사람 될 거니?"

"응, 난 군인이 될 거야!"

"군인이 되어 뭘 하려고?"

"장군이 되어 나라를 지킬 거야."

그녀는 피시시 웃었다.

"네가 장군이 된다고?"

그녀는 얼마 전 있었던 일을 생각하고 있었다. 그날도 오늘처럼 도서관 앞에서 선엽이와 얘기하고 있었는데 동네 부랑아들이 다가와서 시비를 걸어 왔다. 그때 선엽의 그 나약하고 용기 없었던 비겁한 모습을 지금 지영이는 떠올리고 있는 것이다.

"왜 웃어? 나는 장군이 못된다고?"

선엽이가 발끈했다.

"그래. 너는 결코 장군은 못될 거야!"

"왜 못되는데?"

지영이는 그날 그 자리에서 그 이유를 끝내 말해 주지 않았다. 그런 일이 있은 후, 졸업하고 두 사람은 서로 만날 기회가 전혀 없었다. 세월이 흘러, 선엽이 평양사범에 입학해 보니 그녀는 작년에 먼저 이 학교에 들어와 있었다.

어떻게 이웃 동네 살면서 천재들만 가는 이 학교 입학 소식을 선엽이가 몰랐을까 했더니, 지영이네는 한참 전에 평양 시내로 이사를 했던 것이다.

약송보통학교에 다닐 때는 스타일이 좀 통통해서 미인 소리는 못 들었는데, 평양사범에서 봤을 때는 정말 날씬 빠꿈, 엄청난 미인으로 변해 있었다.

도도하고 목에 힘주는 스타일은 옛날이나, 지금이나 여전해 보였다.

"야! 너 참 반갑다. 이 학교에서 다 만나다니…. 어떻게 나만 따라 다니니? 근데 이상하다?"

"뭐가?"

선엽이는 지영이 눈을 똥그라니 하고 쳐다보며 물었다.

"너 그때 장차 군인이 되어 장군이 된다고 말했잖아?"

지영이는 선엽이가 오래전에 자신에게 들려준 그 말을 지금까지 잊지 않고 있었다.

"……."

선엽이는 아무것도 말할 수 없었다.

"그때 너는 분명, 군인이 되어 장군이 된다고 했어. 내가 웃으니까, 네가 역정까지 냈던걸."

"그랬었지…. 지금도 나는 변하지 않았어. 이 담에 꼭 장군이 될 거야."

선엽이가 말도 안 되는 소릴 하자, 지영이는 옛날 그때처럼 또 피시시 웃었다.

"말 되는 소릴 해. 이 학교에 와서 종 다 쳤는데도 또 그 소릴."

지영이는 노골적으로 또 선엽이를 무시하고 있었다.

"내 언젠가는 쟤 코를 한번 납작하게 해 줘야지, 두고 봐라!"

선엽은 혼잣말처럼 중얼거리며 두 주먹을 불끈 쥐었다.

평양사범학교 졸업이 눈앞에 다가왔다. 5년제 이 학교를 마친 다음에는 보통학교에 가서 학생들을 가르쳐야 한다. 당시 관비 장학생으로 일제로부터 돈을 받고 다녔던 사범학교 학생들에게는 '의무 복무(義務服務)'라는 게 있었다. 정해진 기간만큼 선생으로서 학생들을 가르쳐야 했다.

본인이 교사 직업을 포기하고 다른 직종을 원했을 때는 일정한 금액을 환납해야 했다. 이 시점에서 청년 선엽은 자신의 최종 진로를 놓고 다시 고민하기 시작했다.

한때는 가정 형편이 어려워 택한 사범학교였지만, 5년 동안 직접 체험해 보니, 이 길이 자신에게는 어딘가 잘 맞지 않는다는 생각이 자꾸 들어, 늘 정서가 불편했다.

한곳에 갇히고 싶지 않았다. 나라를 위해 더 큰 일을 하고 싶었다. 그래서 지금까지 나름대로 스스로 힘을 기르지 않았던가.

어느 날인가, 선엽은 시간을 내서 어머니와 누이를 찾았다. 어머니는 '평양고무신공장'에, 누이는 '견사(絹紗)공장'에 다니면서 악착같이 돈을 벌어, 매월 선엽에게 일정한 금액을 송금해 주고 있었다. 그런 두 혈육을 찾아 자신의 진로 문제를 의논하고 허락을 받고 싶었다.

"어머니, 한 가지 허락받을 게 있어요."

선엽은 어머니와 누이 안색을 살피면서 서두를 어렵게 꺼냈다.

피부가 곱디곱던 어머니의 뽀얀 얼굴에 어느샌가 까만 죽은 깨가 여기저기 눈에 띄었다.

"뭐니? 어서 말해봐! 선엽아."

성질 급한 누이가 어머니 대신 먼저 다그쳐 물었다.

"그래, 말해 보렴."

어머니가 살짝 미소를 보이며 사랑스러운 눈빛으로 아들을 쳐다보았다.

"어머니, 아무리 생각해 봐도 제가 학교 선생(先生)은 적격이 아닌 거 같아요."

선엽이 정색을 하며 조심스럽게 말했다.

"그게 무슨 소리니?"

누이의 목소리가 깨지는 접시 소리처럼 벌써부터 날카롭다.

"너는 좀 가만있어 봐. 애야! 천천히 말해 보렴, 뭔데?"

어머니는 딸을 저지하며 아들을 똑바로 쳐다본다.

"아무래도 선생 체질은 내게 안 맞는가 봐요. 다른 길로 가고 싶어요.

장차 나라를 위해 좀 더 큰일을 하고 싶어요."

"야야, 이게 무슨 말인고? 졸업반에, 이제 와서 무슨 잠꼬대 같은 소릴 하나?"

성격이 괄괄한 누이는 계속 펄쩍 뛰고 있었다. 잠시 침묵이 흐른 후, 어머니가 조용히 물었다.

"다른 길이라면, 어떤 길이냐?"

"군인의 길, 군대에 가 장교가 되고 싶어요."

선엽은 어머니의 얼굴 죽은 깨를 살펴보면서 힘주어 자신의 진로를 말하고 있었다. 정성스럽게, 그러면서도 진지하게 설명하는 아들의 말을 다 듣고 난 어머니는 누이와는 다르게 아들을 대견스러운 눈으로 바라보고 있었다. 그러면서 어머니는 내심, 크게 놀라고 있었다.

기도의 응답이다. 정말 피는 못 속이는구나. 이 애 핏속에도지 외조부의 무골(武骨)의 피가 흐르는구나. 대동강변의 청류벽에 새겨진 조선 말 군인으로 활동했던 참령, 외조부 방흥주의 피 내림이 이 아이에게까지 정말 있었구나.

하기야 군복 입은 자랑스러운 외조부의 초상화를 그려서, 안방에 걸어 놓고 어릴 적부터 두 아들을 키웠던 엄마가 아니었던가. 그러면서 방효열은 지난날, 선엽을 임신하면서 얻은 태몽(胎夢)을 잠시 떠 올리고 있었다.

'북두칠성(北斗七星)!' 밤하늘에 크고 뚜렷하게 국자 모양의 별 일곱 개를 소롯이 자신의 치마폭에 받아 내는 태몽을 꾸었던 지난날을 생각하고 있었다. 어머니는 연사흘 동안 이 태몽을 계속 꾸었었다.

더욱 신기한 것은 그때 선명한 이 북두칠성이 마당에도 걸려 있고 안방에도 걸려 있었다. 그러면서 밤하늘에 이 별들은 영롱한 빛으로 며칠 밤 계속 반짝거리고 있었다.

어머니는 마음속으로 정말 놀라고 있었다. 그리고 감사했다. 하나님을 향한 자신의 간절한 새벽 기도가 이렇게 빨리 응답될 줄은 정말 몰랐다.

'저 아이를 군인으로 예비하셨다가 때가 되면 하나님께서 긴히 들어 쓰시옵소서. 나라를 위해 크게 쓰임 받게 하옵소서.'

아들 선엽이 이미 평양사범학교에 진학했어도 지금까지 이렇게 새벽마다 기도했던 자신이 아니었던가. 후학을 가르치는 학교 선생보다는 군인이 되어 직접 나라에 큰 보탬이 되는 것이 백배나 낫다고 어머니는 늘 그렇게 생각했다.

삼대째 내려오는 독실한 기독교 집안의 맏며느리, 방효열의 숨겨진 깊은 신앙은 오늘도 이렇게 살아 움직이고 있었다.

한참 후에, 어머니는 잔잔한 미소를 띠며 부드럽게 말했다.

"그래 아들아! 엄마는 내 아들을 믿는다. 너 하고 싶은 대로 해라! 군인의 길도 나쁘지는 않다! 주님의 뜻일 게다. 언젠가는 우리 집안에 북두칠성, 별(星) 일곱 개가 나란히 걸릴 날이 꼭 있을 게다. 나는 그렇게 믿는다."

정말 그랬다. 후일, 어머니의 이 믿음이 현실로 이루어지는 것을 우리는 뚜렷하게 보게 된다. 어머니 칠순 잔치 때, 안방에 정말 북두칠성 별 일곱 개가 나란히 걸리는 것을 여러분은 보게 될 것이다.

정말 그랬다. 후일, 큰아들 백선엽 대장 별 네 개, 작은아들 백인엽이 별 세 개, 도합 별 일곱 개 북두칠성이 안방에서 자랑이나 하는 듯 영롱하게 빛나고 있었다.

어머니 방효열은 아들 선엽의 손을 꼬옥 잡아 주고 있었다.

"고맙습니다. 어머니. 어머니는 언제나 내 편이었으니까요."

선엽의 눈시울이 잠시 붉어졌다. 남편 없이 홀로 외롭게, 우리 세 남매를 오늘 여기까지 키워 준 우리 엄마. 이렇게 쉽게 허락하실 줄 정말 몰랐다. 어머니는 내게는 다시없는 하늘의 천사였다. 늘 포근한 엄마는 나의 안식처였고 유일한 응원자였다.

"선엽이가 우리 가문을 다시 일으킬 거다. 나는 확실히 믿는다. 다른 건 몰라도 아직도 철없이 날뛰고 있는 동생 인엽은 네가 평생 책임질 거라 그것도 믿는다. 걔는 너만 의지하고 있다. 저 성질 개떡 같은 놈, 어쩔꼬…. 언제 철들지…. 지금도 눈만 뜨면 일본 유학 타령이니…. 오늘도 내게 다시 맹세하거라!"

어머니 방효열은 아들 선엽에게 자신의 새끼손가락을 쑤욱 내밀며 약속하라고 또 성화다.

"네, 어머니. 맹세할게요. 지난번에도 맹세했잖아요. 가문을 일으키고, 동생 인엽이를 잘 챙길게요.”

선엽은 어머니가 내민 새끼손가락에 자신의 손가락을 갖다 걸고 힘차게 흔들어 댔다.

“엄니, 나는 왜 빼? 나는 늘 찬밥이야.”

괄괄한 누이가 가만히 있을 턱 없다. 자기를 뺀다고 딸은 또 펄쩍 뛴다.

“너는 이제 곧 시집갈 테니….”

어머니는 식은 죽 밀어내듯, 딸에게는 별 관심이 없어 보인다. 요즘 아랫동네 석탄 판매상 집 큰아들과 혼사 중에 있었기 때문에 더욱 그러리라.

이때 어머니하고 건 새끼손가락 맹세를 선엽은 평생 마음속에 간직하고 지켰다. 그 약속을 지키기 위해 후일 이야기지만, 선엽은 동생 인엽 때문에 그 숱한 곤욕을 치르면서도 참고 또 참아, 끝까지 동생이 성공하고 천수를 다할 때까지 동생을 줄곧 지켜 줬다.

어머니 방효열은 그때부터 벌써 아들 선엽을 믿고 엄마와의 약속을 꼭 지켜 주리라 믿었던 것이다.

선엽은 오늘도 평양사범학교 기숙사에서 또 무언가를 골똘히 생각하고 있었다.

군인의 길로 가려면 어떻게 해야 하는가? 어디서부터 시작해야 하는지. 선엽은 요즘, 여기저기 신문에서 이름을 날리고 있는 박승환과 이상렬을 떠올리고 있었다. 이들 두 사람 모두 만주군관학교 학생들이다. 특히 박승환은 만주군관학교에 수석으로 입학해 그 당시 활약상이 정말 대단한 인물이었다.

한참 망설이다가 선엽은 박승환에게 편지를 쓰기로 했다.

"존경하는 박 선배님께 몇 자 적어 올립니다.

저는 평양사범 졸업반인 백선엽이라 합니다. 아이들을 가르치는 선생님이 되고자 했으나, 적성이 맞지 않아 선배님처럼 군인의 길로 가기를 작정하고 있습니다만…. (중략)"

이렇게 서두를 잡아 편지를 썼다. 만주군관학교가 어떤 곳이며 그곳에 들어가면 진짜 좋은 군인이 될 수 있는가를 물었다.

박승환은 얼마 후, 답장을 보내 왔다. 아주 친절하게, 그리고 자세히 입학하는 모든 절차와 왜 군인의 길에 희망이 있는지를 상세히 설명하고 있었다.

또 그는 선엽에게 격려성 희망을 주는 자신의 견해도 잊지 않고 적어 보냈다.

"(중략) 선엽 씨의 결단은 참으로 탁월한 판단이오. 어서 이곳으로 오시오! 우리와 함께 갑시다. 나라를 위해 지금 우리가 힘을 기르는 길은 분명, 군인의 길밖에는 없다는 것을 확신하고 있소."

이런 식으로 두 사람은 몇 차례 편지를 서로 주고받았다. 이즈

음 박승환의 편지는 선엽이 최종 결단을 내리는 데 큰 역할을
했다.

선엽은 마침내 군인의 길에 들어설 것을 결심하고 그 준비에
들어갔다.

"장차 이 나라를 위해서는 우리가 언젠가는 써먹을 힘을 길러
야 한다. 이것이 내가 군인이 되려고 하는 근본 이유다."라고 설
파한 박승환의 말에 선엽은 전적으로 동의하고 있었다.

얼마 전 수학여행 중, 일본 육군 요요기 연병장에서 보았던 관
병식과 일본의 심장인 도쿄를 방문하면서 일본의 힘이 어디에서
나오는가를 선엽은 신기하게도 알아냈다. 그 힘은 바로 군대(軍
隊)에서 나오고 있었음을 보았던 것이다.

선엽은 마침내 만주군관학교 제9기에 입학원서를 제출했다. 만
주군관학교는 당시 봉천(奉天)이라는 곳에 있었다. 그곳은 지금의
선양(瀋陽)이다. 당시 봉천에는 장작림(張作霖)의 군벌이 큰 세력
을 형성하고 있었다.

이들은 무기를 만드는 병기창(兵器廠)까지 만들어 놓고 36만의
대병력을 확보하여, 그 당시 만주 일대에서는 가장 힘을 자랑하
던 군벌로 이름을 떨치고 있었다.

그렇지만, 이때 일본은 이들 군벌이 갖고 있는 약점을 속속들
이 잘 알고 있었다. 병력수만 많았지, 이 군벌 지휘자는 지역과

사회를 수호하겠다는 강력한 사명감도 없고 그저 권력과 재물에만 욕심이 있었다.

심지어 병기고에 보관된 무기나 탄약까지 팔아먹을 정도로 타락하고 군기는 엉망이었다.

만주 점령을 노리고 있던 일본은 이러한 약점들을 놓칠 리 없었다. 이들 만주 군벌의 군사력과 군기가 바닥에 떨어지기만을 노리고 있었다.

'때는 지금이다.' 이렇게 판단한 일본은 드디어 1931년에 만주사변을 일으켰다. 불과 800여 명의 적은 병력의 철도수비대로, 상대의 의표를 찌르는 전격적인 기습 작전을 폈다. 결과는 완승했다. 압도적인 병력에도 불구하고 만주 군벌의 병력은 힘 한번 제대로 쓰지를 못하고 일거에 무너지고 말았다.

이와 같은 만주사변이 일어난 곳에서 청년 백선엽은 군관학교 생활을 시작했다. 이곳은 일본 육군사관학교 본과(本科) 과정을 2년 안에 마치는 군사학교였다.

선엽은 이곳에서 군사학을 열심히 배웠다. 일본 육군의 전략과 전술, 그리고 각종 무기를 다루는 법 등을 배웠다. 전쟁터에서 일어날 수 있는 모든 싸움의 기초를 이곳에서 배웠다.

'아는 것만이 힘이다! 열심히 배우자! 때가 오면, 나라를 위해 언젠가는 써먹을 힘을 기르자!'

청년 선엽의 가슴에는 언제나 이 생각으로 꽉 차 있었다. 주말이면 동급생 대부분은 술집과 여자를 찾아다녔지만, 선엽은 그렇게 하지 않았다.

일요일마다 외출을 나갔다. 평양에서 어머니가 보내준 돈과 외출 비용으로 군관학교에서 지급한 중국 돈 9원으로 선엽은 일정한 목적을 가지고 외출했다.

비록 일본어로 교육을 받고, 일본이 장악한 만주군 군관학교의 복장을 입고, 일본의 군사 지식을 배우는 몸이긴 하나, 뼛속 깊은 곳에는 나는 조선인이라는 자긍심과 기백이 꽉 차 있었다. 자신의 몸에는 조선의 피가 흐르고 있음을 선엽은 한시도 잊지 않고 있었다.

금강산도 식후경이라, 외출 나가 제일 먼저 선엽이 가는 곳은 봉천역 뒷골목 조선 동포들의 음식점이었다. 이곳에는 없는 것이 없었다.

비빔밥, 국수, 순대국밥, 떡국 등 우리 선조들이 즐겨 먹던 조선의 음식들이 즐비했다.

이런 음식을 먹으면서 선엽은 또 생각에 잠긴다.

'장차 내 조국 조선의 운명은 어떻게 될 것인가? 내가 지금 기르는 힘은, 언제 어디에다 쓸꼬?' 이렇게 자신에게 거듭 반문하며 중얼거리는 것이 이제는 습관처럼 되어 있었다.

선엽은 외조부를 닮아 대식가였다. 이것저것 챙겨서 한참 먹고 난 후, 선엽은 그다음으로 가서 온종일 시간을 보내는 곳이 따로 있었다.

'서점과 도서관'이다. 봉천역 인근 일본 만주철도 소유 '봉천 서점과 도서관'이 선엽의 아지트가 된 지 벌써 오래되었다.

선엽은 이곳에서 충분한 시간을 가지고 자신이 평소 보고 싶은 책들을 골라, 하나씩 둘씩 구매했다. 대부분 병서(兵書)였다. '세계 전쟁사(戰爭史)' '전문 군사지식을 다룬 서적' '명장들의 전기' '일본군의 장점과 단점' '일본 군사지식이 지닌 특징' 등을 차곡차곡 사서 읽고 또 읽었다.

또 선엽은 학교 중국인 교관들로부터 전해 들은 중국의 역사와 문화 등에 대해서도 흥미를 가지고 많은 지식을 더불어 쌓을 수 있었다. 이런 일과 중에서 실은 선엽이 가장 중하게 여기는 일이 하나 더 있었다.

그건 한 사람의 귀한 어르신을 이 서점에서 정기적으로 만나는 일이었다. 50대의 역사학 전공자, 전 북경대(北京大) 교수 출신이다. 점잖게 잘생긴 반백의 이 노교수를 이곳에서 주말마다 만나는 것은 늘상, 외톨이던 선엽에게는 정말 하나님의 큰 선물이 아닐 수 없었다.

지난달 어느 주말, 선엽은 여니 때처럼 외출을 나와, 봉천역 뒷골목 조선 식당에서 순대국밥과 파전으로 빈 속을 꽉 채우고 난 후, 단골 '봉천서점과 도서관'에 갔을 때 어떤 반백의 노신사가 선엽을 기다리고 있었다.

50대로 보이는 이 신사는 출입문에 들어서는 선엽을 보자마자, 얼굴에 잔잔한 미소를 띠며 다가와서는 젊은이처럼 꾸벅 인사를 한다.

"젊은이! 나하고 통성명해요. 나 노영민이라 합니다."

첫 대면에 좀 얼떨떨해하는 청년 선엽을 보더니, 신사는 좀 더 부드러운 말씨로 말했다.

"얼마 전에 내가 자네 모친을 만난 자리에서 자네 소식을 들었다네. 이곳 군관학교에서 교육을 받고 있으며 주말이면 이곳 도서관에서 온종일 시간을 보낸다는 1급 정보를 얻었지…."

"아… 네, 우리 어머니를 만나셨다고요? 평소 잘 아시는 사인가요?"

선엽은 좀 놀란 표정으로 노신사를 바라본다.

"원래 나는 자네 모친보다는 구한말 자네 외조부 방흥주 참령님을 더 잘 알지. 그 수하에서 나는 자네 외조부처럼 훌륭한 군인이 되고자 했지만, 뜻을 이루지 못하고 결국은 북경대학에 진학하고 말았지만…. 그래서 자네 모친도 좀 알고…. 나는 북경대에서 줄곧 공부했고, 북경대학에 남아서 후학들을 좀 가르치다가

모종의 필화 사건으로 학교에서 쫓겨난 문제 교수지…. 지금은
놀고 먹는 퇴물 교수인 셈이지만.”

“전공은 뭐였어요?”

“역사, 서양학.”

“아… 네, 그런데 교수님은 이곳엔 어떻게 오신 거죠?”

“응 내가 지금 살고 있는 데가 이곳 ‘선양’이야. 옛날엔 ‘봉천’
이라 불렀었지. 지금도 봉천이라 부르기도 하지만, 이곳에 내 선
친으로부터 물려받은 작은 내 농장이 있어요. 오늘 이곳에 온 건
자네를 좀 보러 왔어. 어떻게 생겼나 하고….”

“일부러 저를 보러 오셨다고요?”

“그렇다니까. 놀고 먹는 교수, 어디 오라는 데는 없고, 좋은
책도 사 볼 겸, 자네 외조부로부터 진 신세도 좀 갚을 겸, 이래
서 내가 여기 온 거고…. 정말 반가워!”

지난 주말부터 이렇게 시작되어 두 사람은 좋은 대화의 동지
가 되었다. 이제는 주말이 되면 좋은 스승을 얻어, 세상 공부,
역사 이야기로 선엽의 기쁨은 이루 말할 수 없었다. 선엽이 정말
알고 싶은 세상만사 모든 질문에도, 노영민 교수는 거침없이 그
답을 해설해 주고 있으니 말이다. 언제나 외롭던 선엽에게는 정
말 훌륭한 스승이 생긴 셈이었다.

선엽의 겉모습은 지금까지 늘 이렇게 폐쇄적이고 단조로운 모

습이었지만, 이제는 개방적이며 활짝 열리는 세상적으로 얻어지는 많은 것으로 점점 단단해지며 성장, 변화해 가고 있었다.

변함없이 일관된 무엇인가를 갖고 꾸준히 자신의 길만을 찾아 묵묵히 걸어가는, 그런 유형의 사람으로 바뀌어 가는 청년 백선엽이었던 것이다.

가정 형편이 몹시 어려워 모친이 가족 동반 자살을 결심했던 그 어린 시절부터, 평양부립도서관 열람실에서 시간이 닿는 한 끝까지 책상에 머리를 파묻던 약송보통학교 시절, 수재들만 들어간다는 평양사범학교 재학 때까지 늘 그랬던 것처럼, 선엽은 이곳 만주군관학교에 와서도 언제나 자신의 길에만 홀로 매진하며 힘을 기르고 있었다. 더욱 잘된 것은 좋은 스승을 만나 한층 높은 식견과 세계 지식을 취득할 수 있었던 것은 큰 행운이었다.

아! 다부동, 백선엽을 생포하라!
김일성의 명령이다

선엽은 꿈에서 깨는 사람처럼 눈을 껌벅거리고 있었다. 지금 저놈들과 죽기 살기로 대 일전을 치러야 하는 마당에 쓸데없이 지난 일들이 영화 필름처럼 떠오르는 것을 웬일일까. 선엽은 몸 서리치며 "야 이놈아! 정신 좀 차려라" 하며 들고 있던 지휘봉으로 자신이 쓰고 있는 철모를 힘차게 내리쳤다.

이때 선엽은 설상가상 말라리아에 걸려 몸 상태가 매우 좋지 않았다. 하루걸러 고열과 오한으로 심한 고통을 이겨내야만 했다. 그럼에도 선엽은 최후의 일전을 위해 전방 정찰을 소홀히 할 수 없었다.

사단장 백선엽은 먼저 Y선 방어개념에 합당한 유리한 지형을 찾아 나섰다. 5만분의 1 이하 축척의 세밀한 지도가 없어 괘도용 '대한민국 전도'에 의존하고 있던 형편으로는, 도상에서 산과 골짜기를 분명하게 구별할 수 없었다. 지형을 정찰한 결과 가산

산성(架山山城)과 다부동(多富洞)이 눈길을 끌었다.

가산(架山)은 팔공산의 서쪽 자락으로 임진·정유 국난 때, 왜군을 방어하던 천연의 요새였던 성터가 있는 곳이니 더 설명할 필요가 없는 곳이었다. 또 다부동의 북쪽으로는 유학산, 수암산의 긴 능선이 동서로 뻗어 있어 방어전에 매우 유리한 지형이었다. 여기서 대구까지 25km, 대구를 부채꼴로 감싸는 이 산맥이 마지막 승부처가 될 것이다.

정찰을 마친 사단장은 석주암 참모장과 문형태 작전참모를 지휘부로 불렀다. 그리고 단호히 말했다.

"지금까지 전투 지형은 참모인 당신들이 잘 선정해 주었다. 그러나 이번만은 내가 직접 정하고 싶다. 그래도 되겠는가?"

사단장의 몸 상태가 별로였지만, 음성에는 그래도 강한 힘이 있었다.

"사단장님! 지시하십시오. 저희들은 장군님의 지시를 받들겠습니다."

"고맙소. 이번의 방어선은 우리의 최후의 방어선이 될 것이오. 아직은 시간이 좀 있으니, 가산과 다부동 일대를 당신들이 정밀 정찰하고, 방어계획을 다시 세우도록 하시오."

사단장 지시에 그들은 다소 뜻밖의 표정을 지으며 곧 지형 정찰을 하러 떠났다. 서너 시간 후에 그들은 돌아왔다. 역시 그들의 의견도 사단장 의견처럼 그곳이 가장 좋은 방어선이라고 말했다.

사단장은 다음 날 예하 지휘관 전원 회의를 소집했다. 방어계획을 작전참모가 자세히 설명했다. 그런 후, 사단장 백선엽이 지도판을 펼쳐 놓고 일장 훈시를 했다.

"이 선이 사단 최후의 저지선이다. 우리가 이번 전투에서 이 선을 지키지 못하면, 대구가 떨어지고, 그렇게 되면 낙동강의 미군 방어선도 붕괴된다. 따라서 조국의 운명도 여기에 걸려 있다. 이 선은 내가 정했다. 성패의 모든 책임은 내가 지겠다. 부디 성공하여 명예와 기쁨을 여러분과 함께 나눌 수 있기를 바란다."

비장한 사단장의 훈시였다.

드디어 올 것이 왔다. 경부선을 따라 오산, 평택, 천안, 대전, 황간 등지에서 스미스 대대를 비롯한 미 24사단의 방어를 연파하고, 파죽지세로 남하한 적 주공 이영호의 3사단이 우리의 정면을 송곳으로 찌르는 듯 엄습해 왔다. 또 이화령과 조령을 넘어온 박성철의 적 15사단과 최강진의 13사단이 여기에 가세, 당장 대구를 삼킬 듯한 기세였다.

이즈음, 백선엽 사단장은 예하 부대를 다음과 같이 배치하려 했다. 미 제1기병사단과 접하는 1사단 좌익 13연대는 낙동강이 내려다보이는 328고지에, 11연대는 가산을 포함하여 전차 접근로인 천평동 좌우 계곡에, 12연대는 유학산(遊鶴山, 839m)과 수암산(水岩山, 519m) 일대에 횡으로 나란히 포진할 계획이었다.

그러나 작전은 처음부터 차질을 빚었다. 12연대가 채 방어진

지에 투입되기도 전에 적군이 먼저 유학산과 수암산 산정을 점령해 버린 것이다. 야간전투와 산악전에 능숙했던 적군은 '설마' 했던 우리의 허점을 용서 없이 파고든 것이다. '방어전'으로 최후 저지선을 지키는 것이 아니라 '반격전'으로 전선을 사수해야 하는 난처한 입장이 되고 만 것이다.

적군은 쉴 틈 없이 모든 정면에 걸쳐 대공세로 나왔다. 낙동강에서의 강력한 지연으로 '광복절 부산 점령'의 목표가 불가능해지자, 김일성은 목표를 수정하여 8·15를 '대구 점령의 날'로 재지시하고, 김일성이 직접 수안보에까지 와서 전장을 독려하고 있다는 것이 포로 심문에서 드러났다. 유학산을 확보한 적은 주공을 13연대 정면으로 지향하고 총공세를 폈다. 적군은 화력이 우세한 미군 방어지역을 회피해, 화력이 열세인 우리 정면을 집요하게 파고들었다.

사단장 백선엽은 정신없이 뛰었다. 마침내 낙동강변의 328고지를 빼앗겼다는 급보를 듣고 현장으로 마구 달렸다. 11연대 병사들은 동남쪽 소학산 쪽으로 후퇴하고 있었다. '큰일 났구나' 하는 순간 아군 퇴로 정면에 포탄이 터졌다. 최영희 연대장이 57밀리 대전차포로 후퇴 부대의 앞을 사격했다. 부대는 멈춰 설 수밖에 없었다. 최 대령은 이 순간을 놓치지 않고, 부대 앞으로 나아가 반격을 명령했다. 장병들은 발길을 되돌려 일제히 반격에 나섰다. 이윽고 13연대는 이틀간에 걸친 힘겨운 반격으로 328고지를 간신히 탈환할 수 있었다.

한편 우익 11연대의 정면도 위기에 봉착했다. 적은 상주~다부동의 도로에 전차와 중포를 집결시켜 정면 돌파를 시도해 왔다. 3.5인치 로켓포로 대항하며 온갖 수단을 다해 맞섰으나 11연대는 천평동 삼거리에서 진목동까지 약 3km 정도 밀려나게 됐다. 이 때문에 도로 양쪽 산마루는 피아가 뒤섞여 적군이 남쪽 고지를 점령하고, 아군은 북쪽 진지에서 고립되는 등, 공수의 방향이 뒤바뀐 채 혼전을 거듭하게 됐다.

또 시초부터 가파른 산을 올라가며 역습을 해야 했던 12연대는 처절한 사투를 벌이고 있었다. 이렇게 하여 8월 15일은 그야말로, 위기의 절정이었다. 사단의 모든 정면은 백병전의 양상이 된 것이다. 피아가 너무 가까이 대치해 소총 사격보다 수류탄을 주고받는 혈투가 20km의 전 전선에서 밤낮으로 계속되었다. 고지마다 시체가 쌓이고 시체를 방패 삼아 또 싸우는 지옥도가 곳곳에서 전개된 것이다. 고통 속에서 전황을 지켜보던 백선엽은 증원부대를 요청해야만 할 상황에 이르렀다.

8월 15일 낮, 사단장은 대구의 미 8군 사령부 고문관 메이 대위를 통해, 또 하양의 유재흥의 2군단사령부에도 석 참모장을 통해 증원부대를 급히 요청토록 지시했다. 증원 요청에 대한 회신은 곧 날아 들었다. 미 25사단 27연대와 국군 8사단 10연대가 증원부대로 투입될테니 그때까지 사력을 다해 전선을 지탱하라

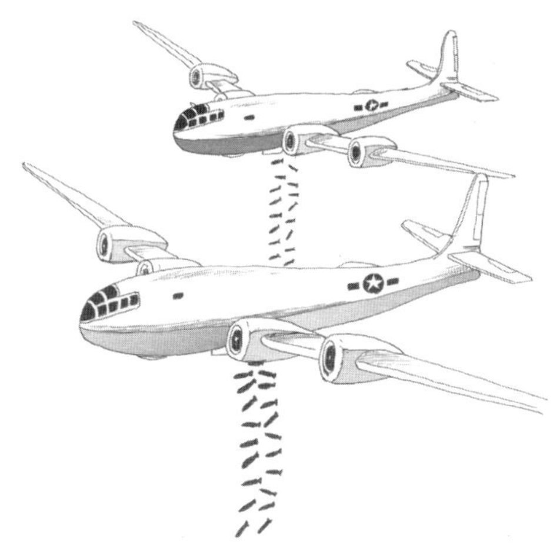

는 것이었다.

또 하나 좋은 소식은 16일 정오경 사단 측면의 낙동강 대안, 즉 왜관 서부에 융단폭격을 실시할 예정이니 전방부대는 호를 깊이 파고 머리를 지면 위로 들지 말라는 통보였다. 전황은 위급했으나 희망의 서광이 보인 것이다. 16일 새벽까지 최후 저지선(Y) 중 우리의 손에 남은 것은 수암산 일부와 다부동 정도였고, 나머지 전선은 붕괴 직전의 상황에서 혼전을 거듭하고 있었다. '증원부대'와 '융단폭격'에 대한 소식은 장병들의 사기를 치솟게 했다.

사단장은 이날 아침에 각 연대에 역습을 명령하였다. 그리고 이렇게 말했다.

"우리가 고통스러우면 적군은 그 이상 고통스러울 것이다. 우리는 그래도 인원과 탄약의 보급이 계속되고 있고, 공중 지원도 받고 있다. 모두 돌격에 나서자!"

이 반격으로 아군은 누란의 위기에서 어느 정도 벗어날 수 있었다. 오전 중 13연대는 드디어 328고지를 탈환했고 12연대는 다부동 서쪽 유학산의 8부 능선까지 탈취하고 산정에 육박해 들어갔다. 또 11연대는 가산 능선에 침투한 적을 격퇴하고 천평동 정면 도로에서도 더 이상 물러서지 않고 버텼다.

16일 낮 11시 58분 드디어 B-29중폭격기 편대가 왜관 상공을 통과하며 육중한 폭탄을 떨구었다. 이어 지축을 흔드는 폭음이 울리기 시작했다. 폭격은 정확하게 26분간 계속됐다. 오키나와의 가데나 공군기지에서 발진한 B-29 5개 편대 98대가 모두 3,234개, 총 중량 900t의 폭탄을 퍼부은 것이다. 낙동강 서쪽 약목과 구미 사이 가로 5.6km, 세로 12km의 직사각형 구역이 쑥밭이 되었다.

이 작전은 2차 대전시 노르망디 상륙작전에서 연합군이 생로(Saint Lo) 지역에 퍼부은 융단폭격의 재판이었다. 적의 주력부대는 이때 이미 낙동강을 도하하여 우리와 근접 대치 중이기 때문에 치명적 타격은 피한 것으로 판명되었다. 후일 포로의 심문 결과 적군의 사기는 이를 계기로 결정적으로 꺾였다는 진술을 들을 수 있었다. 또한 적은 특공대를 후방에 침투시켜 기습과 교란을 기도하는 작전을 병행했다.

지금 다부동 전투 정면에 대치하고 있는 부대는 이영호의 3사단이다. 경부선을 따라 오산, 평택, 천안, 대전, 황간 등지에서 스미스 대대와 미 24사단을 연파하고 파죽지세로 남하한 북한 최고의 정예 부대다. 바로 이때 김일성은 3사단장 이영호에게 특별 명령서를 보냈다. 그것은 다부동 적장 국군 1사단장 백선엽을 생포하라는 명령서였다. 아무래도 김일성은 백선엽이가 눈에 거슬렸다.

"내가 3년 전에 그자를 봤는데… 아무튼 기분 나쁜 놈이야. 그 자를 꼭 생포하란 말이야."

김일성은 명령서만 갖고는 성이 차지 않는 듯, 전화통을 붙들고 이영호에게 소리를 쳤다.

"생포조를 보내라우! 똑똑한 놈들을 뽑아서. 꼭 생포하라구."

김일성은 기억을 해냈다. 3년 전 평양 조만식 선생 사무실에서 백선엽을 몇 번 봤는데, 보통 놈은 아닌 것 같은 생각이 그때도 들었다 했다. 어리지만, 어쩐지 그놈이 걱정됐다. 그놈과 지금 다부동에서 내가 맞짱을 뜨고 있다니, 김일성은 열불이 나고 있었다.

북한 3사단장 이영호는 즉시 중대급 특공대를 편성해서 백선엽 생포에 나섰다. 특공대장에 가장 똑똑한 1대대 1중대장 김명호 소좌를 임명했다. 디데이는 19일 밤으로 정했다. 이들은 어느새 국군 1사단 지휘부 위치까지 파악하고 생포작전에 만전을 기하고 있었다.

한편 백선엽 1사단은 지휘부를 동명초등학교에 정하고 있었다. 놈들이 기습하기로 정한 19일은 때마침 1사단을 지원하기 위해 증원군이 도착하는 날이었다. 마이켈리스가 이끄는 미 27연대의 뒤를 이어 국군의 증원부대도 오고 있었다.

국군 8사단 10연대 소속의 한 대대가 먼저 사단 지휘부가 있는 동명초등학교에 도착했다. 영천에서 대구 북방의 다부동까지 꽤 먼 길을 걸어서 도착한 부대였다. 당시의 상황은 이만큼 위급했었다.

사단장 백선엽은 기쁜 마음으로 동명초등학교 정문 앞에 나가 이들을 맞이할 준비를 했다. 멀리서 먼지를 뒤집어쓴 채 힘없이 걸어오는 부대의 선두를 지켜보고 있었다. 부대를 지휘하는 대대장이 어렴풋이 보였다. 어디서 많이 본 얼굴이었다. 분명 김순기 소령이었다. 예전 육본 정보국장 시절에 데리고 있었던 부하였다. 몹시 기뻤다. 순간 선엽은 사단장의 체통도 잠시 잊고, 옛적 그 마음으로 돌아가 큰소리를 쳤다.

"순기야! 밥은 먹었냐?"

"아이구, 사단장님! 지금까지 꼬박 굶었습니다."

물도 제대로 못 먹고, 김순기 소령 부대는 몹시 지쳐 보였다. 영천에서 다부동까지 빠른 시간에 닿기 위해 쉬지도, 먹지도 못하고 줄곧 걷기만 했다는 것이다. 그렇지만, 지금 전체 부대 상황으로 봐서는 즉각 이들을 전선에 올려 보내야 할 형편에 있었다. 가산의 고지를 적에게 내주면서 대구가 바로 적의 포격 사정권에 들어가고 있었기 때문이다. 바로 전선에 올려 보내자는 사단 참모들의 성화가 심했지만, 백 사단장은 어딘지 모르게 이들에게 여유를 주고 싶었다.

'병사들을 잘 먹여야 전투도 잘할 수 있다'는 평소의 신념이 있었지만, 지금 적정 상황으로는 지체 없이 현장으로 올려 보내는 것이 맞는 일이었다. 그러나 사단장은 그렇게 하지 않고 이들을 배불리 실컷 먹게 했다. 그리고 쉬게 했다. 그리고 문형태 참모에게 지시했다.

"이들을 이곳에서 재우고 내일 새벽에 일찍 전선에 올려 보내시오!"

이 같은 지시는 백선엽답지 않았다. 이날 밤, 그는 왜 그랬을까? 지금 생각해도 그때 그 절박한 상황에서는 그렇게 할 수 없는 처지였는데 선엽은 그곳에서 숙영하게 했다. 누군가 선엽의 마음을 그렇게 움직였다. 그는 과연 누구였을까?

그러면서 사단장은 별을 달고 있는 자신에게 정식으로 도착 보고를 하는 김순기 소령을 은근한 시선으로 바라보며 말했다.

"순기야! 한번 안아 보자! 이게 얼마 만이냐?"

"사단장님! 여기서 뵙다니요. 우리 장군 사단장님!"

김순기 소령은 사단장 품에 안긴 채, 한동안 떨어질 줄 몰랐다.

평소의 성격대로라면 지극히 원칙적이고 현실적인 냉철한 백선엽이지만, 이날은 왜 이들에게 이토록 애정을 가지고 이곳에서 숙영까지 허락했을까를 생각해 보면, 물론 인정스러운 선엽이지만, 이것은 분명 알 수 없는 그 무엇이 지금 백선엽을 움직이고 있는 것이 분명했다.

오늘 밤이 어떤 날인가? 놈들의 중무장 특공대가 무방비인 이곳 지휘부를 습격해서 백선엽 사단장을 생포해 가는 날 아닌가. 정보력이 좋은 놈들은 벌써 모든 것을 알고 있었다. 사단장을 경비하는 병력은 고작 헌병 1개 소대, 그것도 소총으로 무장한 볼품없는 상태라는 것을 간자(間者)를 통해 이미 그들은 알고 있었다.

이러한 절박한 상황에서 김순기 대대를 이날, 밥만 먹여서 그냥 현장에 올려 보냈더라면, 사단장은 영락없이 놈들에게 당할 수 있는 처지에 있었다. 후방 지휘부까지 침투하려면 여러 부대를 거치는 어려움이 있었기 때문에 여기까지 놈들 특공대가 감히 오리라고는 어떤 누구도 상상할 수 없었다.

사단 지휘부를 경비하는 병력은 헌병 1개 소대가 고작 아니었던가. 소총만으로 무장한 헌병대는 사단장을 직접 노리고 침투한 중대 병력 이상의 이 중무장 북한 특수군들을 무슨 힘으로 막을 수 있었단 말인가?

사단장 백선엽은 그날 밤 11시쯤 잠자리에 들었다. 동명초등학교 뒤편에 있는 교사 숙직실이 그의 숙소였다. 그리고 김순기 대대 병력은 학교 운동장에 몇 군데 나눠, 천막을 치고 경계 보초를 세웠다. 한밤중이었다. 잠결에 요란한 총소리가 들렸고 유리창이 깨지고 온통 난리가 났다.

"적, 적 기습이다! 놈들이 왔다!"

누군가 소리를 질렀다. 순간 백선엽은 벌떡 일어나 숙직실 밖으로 뛰쳐나갔다.

'어떻게 왔을까? 이곳 사령부까지 오려면 놈들은 전선을 우회해 먼 길을 와야 하는데, 게다가 도처에 깔려 있는 아군의 경계망을 어떻게 뚫었을까?'

그러면서 백선엽은 급히 김순기 소령을 찾았다.

"순기야! 어디 있니? 출동시켜라!. 빨리, 출동!"

"네, 사단장님 저 여기 있어요. 꼭 엎드려요. 위험해요!"

탕! 탕! 탕! 유리 파편이 튀고 물건이 부서지고 한바탕, 교전이 한참이다.

사단 참모와 미 고문관들이 하나같이 복도 바닥에 바짝 붙어서 엉금엉금 기어가고 있었다. 바닥에는 날아온 총탄에 깨진 유리가 가득 흩어져 있었다. 놈들은 기관총을 쏘아 댔고, 수류탄까지 던졌다. 이런 중에 김순기 소령은 대대 병력을 요소요소에 재빨리 출동시키고 있었다.

일부는 놈들이 진입하려는 오른쪽 담장으로 접근했고, 일부는 정문을 빠져나와 적을 향해 우회하면서 사격을 했다. 이렇게 해서 놈들은 출동한 대대 병력에 의해 완전 제압당했다. 정말 큰일 날 뻔 했다.

어느새 날이 훤히 밝았다. 사단장 백선엽은 쓴웃음을 지으며 김순기 소령을 쳐다봤다.

“순기야! 수고했다. 네가 없었더라면 어쩔 뻔했나. 참 고맙고….”

백선엽 장군은 부하 김순기 소령의 어깨를 툭 쳐 주었다.

백선엽은 이날 밤 확실히 얻은 교훈이 하나 있다. 작전 지역에서는 지휘관은 군화의 끈도 풀지 말라는 근무 수칙을 잘 따라야 한다는 점이다. 만약 그날 밤 김순기 소령이나 백 장군이 군화를 벗고 잤다면, 순간 벌어진 놈들의 기습에 그렇게 빨리 뛰쳐나와 부대를 지휘할 수 없었을 것이다.

그날도 증원부대가 속속 도착하고 있었다. 미 23연대도 도착 즉시 다부동 남쪽 학명동 주변에 사단 예비연대로 투입됐다. 전쟁 중 국군사단에 미군이 두 겹으로 중첩·투입된 것은 다부동 전투가 유일한 경우였다. 그만큼 대구의 관문 다부동을 중요시한 것이다. 8월 20일 좌익 13연대는 328고지를 간신히 유지하고 있었고, 중앙의 12연대는 유학산 정상을 공격했으나 탈취하지 못하고 있었으며, 우익 11연대는 증원군에 힘입어 인접 6사단과 연결을 유지하고 있었다.

이 날 모든 정면의 적은 갑자기 소극적으로 변모했다. 후일 알기에는 적의 정예 15사단이 다부동의 저항이 워낙 완강하여 영천 방면으로 공세 전환을 위해 이날 그곳으로 이동하고 전선의 재배치를 기했다는 것이다. 사단장 백선엽은 적의 공격력이 쇠퇴한 것으로 보고 마이켈리스 대령과 협의하여 Y선의 완전한 탈환을 위한 공격을 결의하였다.

그러나 다음 날 아침 사단이 반격을 개시할 즈음, 적이 오히려 선공에 나서, 기선을 제압했다. 전쟁 중 공교로운 것은 우리가 필사적으로 나서면 적도 필사적으로 맞서 번번이 대접전을 벌이게 되는 것이었다. 적은 박격포와 수류탄으로 탄막을 씌워 아군의 역습을 저지하고, 오히려 인해전술로 공격해 들어왔다. 미 27연대도 출격하지 못하고 방어에만 전념하게 됐다. 이때 미 27연대의 좌측 능선을 엄호하던 11연대 1대대가 출격의 초동에 기선을 제압당해 고지를 탈취당하고 다부동 쪽으로 후퇴하고 있다는 보고가 들어왔다. 8군사령부로부터 전화가 걸려왔다.

"한국군은 도대체 어떻게 된 거냐? 싸울 의지가 있느냐?"는 노한 음성의 힐책이었다. 연대의 측면이 뚫리자 마이켈리스 대령이 즉각 미 8군에 보고했다. "한국군이 후퇴했다. 퇴로가 차단되기 전에 우리도 철수해야겠다."고 통고했다.

"후퇴하지 말고 잠깐 기다리라. 후퇴는 절대 안 된다. 내가 현장에 나가 확인하겠다."

백선엽 사단장은 강하게 명령했다. 그리고 그는 동명학교에서 다부동으로 급히 지프를 몰았다.

과연 진목동 도로 서쪽의 11연대 병사들은 피로에 지친 모습으로 후퇴하며 산을 내려오고 있었고, 고지를 점령한 적은 산발적으로 미군의 포병진지를 향해 측면 사격을 가하고 있었다.

사단장 백선엽은 즉각 김재명 대대장을 불러 물었다.

"대대장! 어떻게 된 것이오?"

"네 장병들이 계속된 주야의 격전에 지친데다 고립된 고지에 급식이 끊겨 이틀째 물 한 모금 먹지 못한 상태입니다."

김재명 대대장이 기운 없는 목소리로 대답했다. 사단장은 눈앞이 캄캄했다. 장병들의 사기는 완전 바닥이었다. 싸워보겠다는 의지는 도무지 찾아볼 수 없었다. 절망의 먹구름 속에서 패색은 너무나 짙어 있었다. 인간의 한계는 여기까지라는 신호가 도처에 깔려 있었다.

백선엽 사단장은 온몸에 기운이 쭉 빠졌다. 절박한 이 순간, 그는 누군가를 붙잡아야만 될 것 같았다. 사단장은 자신도 모르게 무릎을 꿇었다. 새벽마다 아들을 위해 간절히 기도하시던 어머니처럼, 길섶 바위를 붙잡고 어머니를 생각하며 하나님께 큰 목소리로 간절히 기도를 하기 시작했다. 평생 처음 해 보는 기도였다.

"하나님! 이 위기를 벗어나게 하시고, 이 싸움에서 대한민국이 꼭 승리하게 도와주십시오. 그렇게 해 주시면 앞으로 백선엽은 하나님을 믿고 평생 따르겠습니다."

이렇게 기도를 하고 사단장은 후퇴하는 병사들 앞으로 힘차게 뛰어나갔다. 목소리를 가다듬고, 배에 힘을 주고 말했다.

"모두 앉아 내 말을 들으라! 그동안 여러분 잘 싸워주어 정말 고맙다. 그러나 우리가 여기서 더 후퇴할 땅은 없다. 더 후퇴하면

곧 망국(亡國)이다. 우리가 더 갈 곳은 저 바다밖에 없다. 저 아래 골짜기의 미군을 보라! 미군은 우리를 믿고 싸우는데 우리가 후퇴하다니 이 무슨 꼴이냐? 대한 남아로서 우리 모두 다시 싸우자! 내가 선두에 서서 돌격하겠다. 내가 후퇴하면 너희들이 나부터 먼저 쏴라!"

이렇게 말하고 나서 사단장 백선엽은 차고 있던 권총을 빼 들었다. 그리고 두 주먹을 불끈 쥐고 병사들을 주욱 훑어봤다. 앉아 있던 병사들이 일제히 일어섰다. 그리고 불을 뿜는 함성이 터지기 시작했다. 사단장의 눈에서는 뜨거운 감동의 눈물이 흘러내리고 있었다.

이윽고 사단장은 돌격 명령을 내렸다.

"앞으로 돌격이다!"

사단장은 선두에 서서 앞으로 힘차게 나아갔다. 병사들의 함성이 골짜기를 진동시키고 있었다. 풀죽어 있던 대대장 김재명 소령도 용감하게 앞장서서 부대를 지휘하고 있었다. 처절한 고지 싸움이 다시 벌어지고 있었다. 국군 1사단 병사들의 사기는 어느새 하늘을 찌르고 있었다. 어디서 이런 힘들이 생겼는지 정말 알 수 없었다. 장병들은 죽을힘을 다해 돌격했다.

대대는 드디어 유학산 고지를 재탈환하는 데 성공했다. 아, 우리의 승리다. 다부동 전투에서 우리가 결국 이겼다. 6·25전쟁 최후의 전선에서 우리 국군이 이겼다. 대한민국 만세다! 순간 사단장은 물론 모든 장병이 서로 뒤엉켜 끌어안고 기쁨의 눈물을 흘리고, 또 흘렸다.

이때 적은 큰 오판을 하고 있었다. 엄청난 증원부대가 도착해서 총공격하는 줄 알고 지레 겁을 먹었다. 백선엽 장군의 간절한 기도의 힘이, 이렇게 적으로 하여금 순식간에 사기를 잃게 만들고 패퇴케 하는 기적의 역사가 일어날 줄은 아무도 몰랐었다.

다부동 전투는 어떤 전투였나?

그는 절체절명의 최후, 낙동강 방어선 '다부동 전투'에서,
장군 돌격으로 망해가는 이 나라를 구해 낸 구국의 참 영웅이다!

1950년 6.25전쟁이 발발해서 북한군은 한 달 만에 우리 국토 90%를 점령했습니다. 전세가 완전 패전에 이르자, 워커 미 8군 사령관은 최후 '낙동강 방어선'을 죽음으로 사수하라는 특명을 내렸습니다. 이때 낙동강 방어선은 마산, 왜관, 상주군 낙동리, 영덕을 잇는 240Km의 저지선이었습니다. 일명 이 저지선을 워커라인(Walker Line)이라 불렀습니다.

이 낙동강 방어선 전투에서 가장 치열했던 전투가 바로 경북 칠곡의 '다부동 전투'였습니다. 이 지역은 전략적으로 대단히 중요한 지역이기 때문입니다. 다부동이 뚫리면, 임시 수도였던 대구가 위험해지는 상황이었습니다. 대구에서 밀양으로 이어지는 도로가 부산까지 연결되어 있었기 때문에 대구뿐만 아니라, 부산까지 위험에 빠지는 상황이었습니다. 다시 말해, 다부동 전투에

서 패하면, 최후의 낙동강 방어선이 무너진다는 이야기입니다. 그렇게 되면 대한민국 전체가 이 지구상에서 완전히 사라질 위기였던 것을 잘 아는 김일성은 '8월 15일까지 반드시 부산을 점령하라!'는 지상 명령을 내리고, 8월 4일 수안보까지 자신이 직접 내려와 강력하게 독려하였습니다.

그러면서 김일성은 낙동강 북부 전선을 담당한 인민군 제2군단을 서에서 동으로, 7개 사단을 전개하여 대구를 탈취한 후, 부산을 점령하게 했고, 제1군단은 남에서 북으로 4개 사단을 전개하여 영산과 함안, 마산을 잇는 선을 돌파해 부산을 점령하게 했습니다. 김일성은 주공 축선을 5개 사단이 집중된 대구 방면, 그 가운데서도 자신의 정예화된 3개 사단인 3사단, 13사단, 15사단을, 바로 백선엽의 국군 1사단인 정면에 배치하였습니다.

당시 김일성은 백선엽의 1사단이 전선에서 가장 취약한 지역임을 잘 알고 있었습니다. 연일 계속된 고지 전투에서 식사는 물론 물 한 모금도 제대로 먹지 못한 1사단 병사들의 사기는 떨어질 대로 떨어진 상태에 있었습니다. 이런 전투적 상황에서 서로 맞붙은 전투가 다부동 전투였습니다. 즉 국군 1사단 8,000여 명의 병력과 미군 2개 연대의 병력이, 김일성의 정예 3개 사단인 26,000여 명과 싸워 이긴, 이 전투가 바로 다부동 전투였습니다.

여러분! 당시 전투력 상황으로 봐서, 도저히 이길 수 없는 전투에서 이긴 이 전투를 여러분은 어떻게 보십니까?

제가 쓴 소설 『하늘의 별이 되어』에서 청록파 거두 조지훈 교수는 불자임에도 불구하고, 그의 인생 마지막 인문학 특강에서 당시 「다부동 대첩의 승리는 하나님의 은혜」라는 제목으로 그의 인생 마지막 인문학 강의를 고려대학에서 성황리에 한 바 있습니다. 그때 필자는 이 학교 졸업반 학생으로 이 역사적인 강의를 직접 들을 수 있었습니다. 그때 나의 스승, 조지훈 교수는 이렇게 힘주어, 열강했습니다.

나도 6.25전쟁의 피해자 중, 한 사람입니다. 나의 부친도 최린, 이광수 등과 함께 6.25 때 북괴군에 의해 납북되었지요. 종군 작가, 기자로 그때 나는 55일 동안 지속된 이 다부동 전투 현장에서 죽을 고비를 여러 번 넘기면서 실로 많은 것을 보았습니다. 이 나라가 결국 공산적화가 되지 않은 것은 정말 알 수 없는 불가사의한, 신기한 일이었습니다. 군의 전술, 전력에 대해 나는 잘 아는 바는 없지만, 그 당시 종군기자의 예리한 촉각으로 봐서도, 이 나라가 일촉즉발의 매 순간, 또 절체절명의 상황에서도 끝내는 승리하며 회복해 나갔던 지난날 전투를 보면, 설명이 잘 안 되는 부분들이 정말 많았습니다.

나는 이것을 '신의 은총'이라는 말로 표현하고 싶어요. 기독교에서는 하나님의 은혜라고 말하겠지요. 난 불교 신자지만, 이건 하나님의 은혜라고 말하는 것이 맞아요. 이 시기 남북한 기독교인들의 숫자는 족히 100만 명은 넘었을 것입니다. 이 사람들이 기도로 하나님을 엄청 못살게 굴었을 테니,

하나님도 어떻게 더 견딜 수 있었겠어요? 그래서 하나님은 낙동강 방어선 전투에서 결정적으로 다부동 전투를 승리하게 하신 거 아니었겠나 싶어요.

라고 조지훈 교수는 힘주어 말하고 있었습니다.

이 전투에서 백선엽 장군이 승리함으로써 아군은 낙동강 최후 교두보를 지킬 수 있었고, 종국에는 더글러스 맥아더 장군이 지휘하는 인천상륙작전도 성공할 수 있었던 것입니다. 만약 이때 이 다부동 전투에서 우리가 패했더라면, 맥아더 장군의 인천상륙작전도 성공할 수 없었고 워커 장군이 이끄는 낙동강 전선도 후퇴할 수밖에 없었을 것입니다. 그렇게 됐더라면 대한민국은 존재할 수 없었고 유럽마저도 평화를 위협받게 되었을 것입니다. 이 승리의 의미는 세계 64개국(물자지원포함)에서 직간접으로 참여한 전쟁에서, 자유 진영의 승리로써 '자유민주주의'를 지킬 수 있었던 것이죠.

지난날 이 땅에서 3년 1개월 동안 벌어진 전투 중에서 가장 다급했고 중요했던 낙동강 방어선 전투는 55일 동안 지속됐으며, 이 전투에는 결코 우리가 잊을 수 없는 많은 전투가 포함되어 있었습니다. '왜관 융단 폭격 작전', '천평 계곡 전투', '382고지 전투', '유학산 전투', '군번 없는 학도병이 싸운 포항 전투', '통영 상륙작전과 귀신 잡는 해병대 전투' 등이 있었습니다. 이런 전투들을 우리는 그냥 간과할 수 없지요. 그러면 간단히 설명해 보겠습니다.

왜관 융단 폭격 작전

제2차 세계대전 이후, 실시된 최대 융단 폭격으로 왜관 서북쪽 낙동강 일대 지역에 B-29 폭격기를 이용하여 960톤의 폭탄을 투하하였습니다.

천평 계곡 전투(볼링 엘리 전투)

북한군 전차부대를 박살 낸 최초의 한미 연합작전이었습니다.

382고지 전투

백병전으로 12일 동안, 고지 주인이 15번이나 바뀌었습니다. 국군과 북한군의 피로 낙동강이 붉게 물들었습니다.

유학산 전투

지게부대의 활약이 눈부셨던 전투였습니다.

군번 없는 학도병이 싸운 포항 전투

낙동강 방어선 전투에서는 하루 만에 700여 명이 죽거나 다쳤습니다. 점점 병력이 부족해서 임시 수도였던 부산 시내에 나가, 전쟁터로 나와 달라고 호소하였습니다.

교복을 입은 학생들이 이에 많이 호응했습니다. 이들을 당시 '학도병'이라고 불렀습니다. 1950년 8월, 부산으로 이어지는 포항이 북한군에 점령당하자, 이때 학도병들이 '포항여중'에서 북한군을 저지시켰습니다. 이때 학도병 71명 가운데 48명이 죽고, 13명은 포로가 됐습니다. 이들이 11시간 이상 북한군 진입을 막았습니다. 이들의 불타는 정의감과 충성심이 없었더라면, 그때 낙동강 전투를 결코 승리로 이끌지 못했을 것입니다.

학도병으로 참전했던 소년들은 훈련을 조금도 받지 못한 채, 학생복 차림으로 일선 각 사단에 배치되었어요. 동성중학교 3학년에 재학 중, 참전했던 이우근 학도병은 겨우 14살이었습니다. 포항여자중학교에서 북한군과 전투 중에 학도병들은 전멸 상태였습니다. 이때 학도병 71명은 그 자리에서 모두 전사했습니다. 이 중에 이우근 학도병이 끼어 있었습니다. 죽은 이우근의 수첩에 적힌 「어머니에게 쓴 편지」는 전쟁의 실체가 고스란히 들여다보여, 우리 모두의 가슴을 아프게 찢어 놓았습니다.

통영 상륙작전과 귀신 잡는 해병대

마산이 막히자 북한군은 통영으로 방향을 틀었습니다. 통영을 지나 거제도와 진해를 거치면 부산으로 갈 수 있었기 때문입니다. 북한군을 막기 위해 해병대 김성은 부대는 거제도에 상륙하라는 명령을, 통영으로 상륙하는 것이 좋겠다는 건의를 3번이나 해, 결국 승인을 받아 '통영상륙작전'을 펼쳤는데, 이것이 한국군 최초의 단독 상륙작전이 되었습니다.

김성은 부대는 인해전술과 전차까지 동원해 공격해 오는 북한군을 여러 번 무찔렀고, 결국 승리를 했습니다. 이때 북한군은 중국 팔로군 출신으로 장제스 군대와 싸웠던 노련한 군인들로만 이루어진 부대였는데, 우리 해병대가 그들을 무찔렀다는 건 한국전쟁 역사에 길이 남을 만한 사건이었습니다.

당시 미국 '뉴욕 헤럴드 트리뷴의 종군기자' 마거릿 히긴스는 한국 해병대를 '귀신 잡는 해병대'라고 보도해서 단숨에 세계적으로 유명한 말이 되었습니다. 그러므로 후일, 한국 해병대의 전투력을 눈여겨보았던 미군은 맥아더의 '인천상륙작전'에도 이들 해병대를 참전시킨 바 있었습니다. 지금까지 설명한 이 모든 것이, 지난날 6.25 한국전쟁에서 가장 치열했던 최후의 보루, '낙동강 방어선 다부동 전투'였습니다.

인간 백선엽은 어떤 사람이었나?

인간 백선엽

백선엽은 1920년 11월 23일 평양의 서남쪽, 강서군 강서면 덕흥리에서 부친 백윤상과 모친 방효열 사이에서 삼 남매 중 둘째 장남으로 태어났다. 선엽 7살, 5살 위 누나 복엽 12살, 3살 아래 인엽이다. 부친 백윤상은 선엽이 7살 때 가출했다.

이곳 강서군에는 독립운동가 및 민족 지도자로 명망 높은 도산 안창호 선생과 고당 조만식 선생 같은 걸출한 인물들이 이 고장에서 배출되었다.

선엽의 유년 시절은 몹시 가난하였다. 아버지 없는 외로움과 가난이 평생 그의 인성이 되었다. 내성적 성격, 근면, 성실, 홀로 독서광. 약속보통학교 시절, 책 읽기를 유난히 좋아했다. 일본인 거리에 있는 서점에서 책을 읽으며 시간 보내는 것이 취미였다.

고학년이 되면서 당대의 유명한 소설들, 세계 명작들, 이때부터 이어 온 그의 독서열은 선엽의 삶에 크나큰 원동력이 되었다. 이때부터 선엽은 위대한 정치가, 군사전략가들의 회고록, 평전, 병법서, 전쟁사 등 많은 군사 서적 등을 가리지 않고 읽으며 그의 지식을 넓혀갔다.

평양사범에 진학하다

선엽은 결국 돈 안 드는 평양사범에 진학했다. 가족들은 물론, 김갑린 담임선생님(약속보통학교)도 강력하게 권유했다. 당시 수재들만 간다는 평양사범이다. 당시 사범학교는 경성(서울), 평양, 대구 세 군데만 있었다. 나중에 전주와 함흥에 추가 더 생겼다.

그러나 남편 없이 홀로 살아가면서 오직 장남 선엽이를 의지하며 살아온 어머니의 간절한 기도 제목은 따로 있었다. '선엽이 장차 군인, 장군이 되어, 이 나라를 위한 큰 인물이 되어 달라'는 내용이었다. 그래서 그런지 선엽은 평양사범에 다니면서도 생각은 늘 딴 데가 있었다. 다각도로 많은 것을 생각하고 있었다. 그것은 한반도를 둘러싸고 있는 종주국 일본 제국의 힘이 도대체 어디까지 뻗어 갈 것인가 하는 것이었다. 일본은 그야말로 세계를 제패할 수 있을까? 미국과 소련과 중국과의 관계에 있어, 일본의 존재에 대한 생각들로 고민하고 있었다.

‘일본도 언젠가는 패망할 수 있다.’ 그렇다면 우리는 지금부터 무엇을 준비해야 하는가? 이런 생각으로 고민하면서, 선엽은 홀로 더욱 실력을 쌓는 독서에 열을 올렸다. 이렇게 비록 사범학교에 적을 두고는 있었지만, 마음속에는 따로 운명처럼, 숙명처럼, 꼭 군인이 돼야겠다는 생각으로 자리를 꽉 잡고 있었다. 그러면서 늘 세계대전, 군사정세, 전쟁 쪽에만 생각이 있었다.

또 이때 이 학교에서 영어를 배울 기회가 있었다. 매주 2시간씩, 영어 교육을 실시했다. 선엽은 장래 이 영어가 크게 쓸 일이 있을 거라 생각하고 열심히 영어 공부에 집중했다. 그러므로 선엽은 누구보다 영어를 잘할 수 있었다. 후일 6.25 때 남달리 이 영어를 잘해서 미군과의 협조가 매우 잘 되었다.

그러던 중, 선엽은 사범학교 4학년 때, 동급생들과 만주와 식민 제국의 일본을 두 번씩 수학여행 비슷하게 다녀올 수 있었다. 우물 안 개구리가 넓은 세상을 처음 본 것이다. 만주에서는 거대한 거미줄 같은 철로를 오가면서 선엽은 큰 충격을 받았다. 봉천에서 북으로 장춘, 동으로 대련, 동북으로는 안동으로 이어지는 철도를 보고 말이다.

일본은 이곳 만주를 점령한 지 10년도 채 되지 않은 시점에서 이 거대한 계획도시 ‘신경’을 새로 세우고 있었으며, 만주 무순의 탄광, 안산의 철강, 백두산 일대의 목재 등 천연자원을 대규모로 개발하여 중국 대륙을 석권할 꿈에 젖어 있는 것을 보았다.

그다음 선엽은 일본 도쿄(東京)에서는 더 많은 것을 보았다. 일본은 당시 '전승의 시대'를 눈부시게 구가하고 있었다. 조선에 이어, 만주를 점령하고, 나아가 중국 대륙으로 기세를 뻗치고 있었다. 동남아에서도 일본 제국의 힘은 저들의 표현대로 해가 떠오를 때의 '욱일승천(旭日昇天)'의 기세로 거침없이 뻗어 나가고 있었다. 일본 도쿄 사람들은 분주하게 거리를 오갔고 건물은 서울과는 비교할 수 없을 정도로 휘황찬란했다. 모든 사회 간접시설이 잘 갖춰진 채 빈틈없이 돌아가고 있었다.

그뿐만 아니다. 또 선엽은 일본 육군의 커다란 요요기 연병장에서 거행된 관변식 행사도 볼 수 있었다. 먼저 일본 왕이 들어왔다. 백마를 타고 요요기 연병장 입구로 들어서던 그는, 천천히 손을 들어 열광적으로 환호하는 관중들에 답례를 하고 있었다. 그 뒤를 이어 도조가 검은색 말을 타고 입장하였다. 그리고 일본이 자랑하는 모든 현대식 무기가 뒤를 이어 입장하고 있었다.

이러한 놀라운 상황들을 보고 온 백선엽은 마음이 크게 흔들렸다. 장차 자신은 큰물에서 놀아야 하겠다. 우물 안의 개구리처럼 살지 말고 큰물에 나가서, 나라를 위해 마음껏 살아야겠다. 그러려면 군인이 되는 길밖에는 따로 방법이 없다. 여기까지 생각하니, 마음이 조급했다. 빨리 집에 가서 내 결심을 알려야겠다는 마음으로 선엽은 들떠 있었다.

결국 만주군관학교에 입교, 군인의 길은 그의 숙명이었다

군인의 길은 선엽에게 있어서는 하나의 운명처럼, 숙명적인 것이었다. 선엽의 몸속에는 부친 백윤상과 외조부 방흥주의 피가 흐르고 있는 것을 미처 몰랐다. 외조부 방흥주는 구한말 당시, 평안도 군사책을 맡은, 지체 높은 참령이었다.

어느 날 참령 방흥주가 길을 가다가 어느 동네에 이르러 아이들이 벌이는 전쟁놀이가 너무 재밌어, 한참 보고 있었다. 그중 한 아이가 리더로서 마음에 너무 들었다. 그래서 첨령 방흥주는 곧 혼사를 이끌어, 그 아이를 자신의 사위로 삼았다. 그 아이가 바로 선엽의 부친 백윤상이고, 참령의 딸이 선엽의 모친 방효열인 것이다.

그 DNA가 어딜 가겠는가? 또 어디 그뿐이겠나. 선엽의 모친 방효열의 태몽이 북두칠성이다. 하늘에서 별 일곱 개가 치마폭에 가득히 쏟아지는 꿈을 사흘 동안 계속 꾸었다. 그 꿈은 먼 후일 실제 이뤄지는 것을 우리는 보지 않았던가. 모친 방효열 환갑 때, 당시 이승만 대통령은 백 장군 일가족을 경무대에 초청하는 장면의 사진을 봤겠지만(『하늘의 별이 되어』에서), 그때 이승만 대통령은 이들을 보고 웃으면서 이렇게 말한다.

"허허! 참 보기 좋구먼! 지금 우리 방에 북두칠성이 떴구먼!"
백선엽 장군의 어깨 별 4개와 동생 백인엽 장군의 어깨 별 3개
가 실내 조명을 받아 북두칠성처럼 빛나고 있었다. 또 어찌 그뿐
이겠나. 모친 방효열이 아들을 학교 선생님이 되는 평양사범에
보내 놓고는 새벽마다 생뚱 다르게 아들 선엽이 군인이 되어, 장
차 장군으로 이 나라를 위해 크게 쓰임 받는 재목으로 써 달라
는 기도는 또 무엇이겠는가. 어쨌든 백선엽이 학교 선생님이 안
되고 군인, 장군이 된 것은 그의 운명이고 숙명인 것을 아무도
부인 못 할 것이다.

인간 백선엽을 주변에서는 이렇게 평가하다

군에서 백선엽 장군을 오랜 기간에 모시고 있었던 경희대 전
교수 김점곤 장군은 이렇게 그를 증언하고 있었다. "백 장군은
청소년 시절을 빈곤과 가난 속에서 성장했다. 그 속에서 제2의
천성이 된 성실, 소박, 근면, 검소한 인품과 생활 태도, 그리고
애국심 등을 지켜보면서 나는 평생 그를 존경하게 됐다."라고 고
백한다. 항상 지나치리만큼 자신에게는 엄격했다. 그러면서 친구
와 부하에게는 군인답지 않으리만치 관대했다. 그의 성공에는 따
로 비결이 없었다. 다만 천부의 총명과 예지를 갖추고 겸양과 정
직, 성실로 일관한 결과가 바로 그가 6.25전쟁에서 이룬 위업의

바탕이 되었다.

또한, 백 장군이 예편 후, 그와 가장 많이 인터뷰하고 함께 회고록 등 6.25전쟁 『징비록』을 출간한 전 중앙일보 유광종 작가는 그의 저서 『백선엽을 말한다』에서 이렇게 힘주어 말하고 있다. 그는 70여 년 전 벌어진 한반도의 격렬한 전장에서 자신에게 다가온 모든 적을 물리치고 수많은 승리를 이뤄낸다.

그는 이 시대의 가장 위대한 싸움꾼! 명장! 그리고 탁월한 승부사였다. 30세에 장군이 되고 33세에 우리나라 최초의 육군대장이 된 입지적인 인물이었다. 3년 1개월 동안 벌어진 이 전쟁에서 국군 지휘관 중에서 가장 두드러진 전과를 기록한 이가 바로 백선엽 장군이었다. 이는 당시 전쟁을 함께 수행했던 미군이 모두 인정하는 내용이다. 가장 뛰어난 야전군 지휘관이라는 명예를 안긴 쪽도 바로 미군이었다. 일제 때 이순신 장군이 있었다면, 6.25 때는 이 나라에는 백선엽 장군이 있었다. 절체절명의 최후, 낙동강 방어선 다부동 전투에서 장군 돌격으로 이 나라를 구한, 구국의 영웅을, 그래서 오늘도 우리는 그를 추앙하는 것이다.

사형수 박정희 소령을 살린다

때는 1949년 1월 말경, 육군본부 정보국장 백선엽 중령은 피곤한 하루 일과를 마치고 명동 사무실에서 늦은 퇴근 준비를 하고 있었다.

몹시 추운 겨울인데도 어스름한 명동 거리에는 사람들이 무척 붐비고 있었다. 추워서 모두 코트 깃을 세우고 총총걸음으로 제각기 바쁘게 걸어간다.

이곳 서울 명동 한복판 옛 증권거래소 건물 3층을 사무실로 쓰고 있는 육본 정보국 그들은 오늘도 군에 잠입해 있는 좌익 숙군(肅軍) 색출에 여념이 없었다. 이때 군에 잠입해 있는 좌익분자들의 수는 무려 4,700여 명에 이르렀다. 엄청난 숫자였다. 아래 지하층은 연일 잡아들이는 군 내부 좌익분자 죄수들의 감옥으로 쓰고 있었다.

퇴근 시간이 되면 다들 한 대포 생각나서 짝짝 패를 지어 퇴근을 했지만, 백 국장은 아직도 퇴근을 하지 못하고 조사 서류들을 꼼꼼히 살펴보고 있었다. 원래 술도 못 마시는 데다 사람들과 어울리는 것을 별로 좋아하지 않는 성품으로 그는 오늘도 외톨이다.

지금 자신이 맡고 있는 업무가 매우 엄중하기 때문에 누구와 만나 쓸데없는 구설수에 오르는 것도 문제가 되기 때문에 몹시 몸조심하고 있을 때였다. 이런 백 국장의 깔끔한 성품과 고집을 알고, 누구 하나 백 국장더러 함께 술 마시자고 치근대는 사람이 없다. 이럴 즈음, 누군가 출입문을 조용히 노크했다.

"네, 들어오세요."

백 국장이 기운 없는 목소리로 응답했다. 오늘 낮에도 점심을 먹었는지, 아직도 안 먹었는지, 너무 바빠 통 기억이 없다. 그래서 그의 목소리에 힘이 없는지 모르겠다. 아무튼 정신없이 바빴던 하루였으니까.

"무슨 일인가? 아직 퇴근을 안 하고?"

방첩과장 김안일 소령이 국장의 눈치를 조심스럽게 살피면서 들어섰다. 김 과장은 뒷머리를 만지작거리며 무슨 부탁을 할 모양이다.

"뭐야? 어서 말해 봐! 무슨 일인데?"

“에, 다름 아니고 제 동기생 중에 박정희 소령이라고 있는데, 지금 지하 감방에 있습니다.”

“그런데?”

“죽기 전에 국장님을 한번 뵙고 싶다 합니다. 그자는 사형수라서… 다음 주 수색 처형장에서 죽을 몸이니까…. 국장님께서 그의 마지막 소원이니, 한번 만나 주실 수 없을까요?”

김 과장이 안타깝다는 듯 조금 쉰 목소리로 말했다. 백 국장이 잠시 무엇을 생각하는 듯 머뭇거리다가 조용히 말한다.

“그러지, 그렇다면 한 번 만나 보지.”

국장으로부터 기대 밖 의외의 허락이 나자, 김안일 과장은 어안이 벙벙했다. 좀처럼 만나주지 않으리라 생각했는데 이렇게 쉽게 응해 줄 줄은 정말 몰랐다.

“네. 잘 알겠습니다. 곧 데리고 오겠습니다.”

김 과장이 빠른 동작으로 사무실을 빠져나갔다. 백 국장의 평소 성격으로 본다면, 어림도 없는 일인데 오늘은 왜 이런 이변인가. 백 국장은 앉은 자리에서 기지개를 켜며 일어났다. 이제 어둠이 내려앉은 창밖엔 캄캄하고 춥고 스산한 바람이 불고 있었다. 늦겨울 속에 사람들은 저마다 모두 바쁜지 어디로 길을 재촉하고 있었다.

백 국장은 창가에 서서 담배 한 개비를 빼 물었다. 불을 댕겨

깊이 빨아들인다. 속이 텅텅 비어 그런지 위장이 좀 쓰려 온다.

'지금 한창 불붙고 있는 숙군(肅軍) 작업! 머리가 너무나 아프다. 군(軍)에 좌익분자들이 그동안 4,700여 명씩이나 계획적으로 침투할 수 있었다니, 정말 놀라운 일이다. 이 막중한 일을 여러 가지로 부족한 내게 맡기다니…. 내가 뭐라고…. 아무튼 군(軍)과 나라 장래를 위해선 이번 기회에 이 암적 잔당의 뿌리를 단단히 뽑아야 한다.

원래 인사 발령은 장창국이 정보국장이고 나는 작전교육국장인데 막상 서울에 와 보니 이상스럽게도 내가 정보국장으로 바뀌어 있었다. 왜 이렇게 되었는지 난, 지금도 그 이유를 잘 모른다.

1945년 12월 29일, 38선을 넘어 월남해 서울에 도착했을 때, 내 손에 쥐어져 있던 돈은 단돈 500원이었다. 서울에 도착해서도 역시 나를 반겨줄 곳은 없었다. 나 또한 말수가 워낙 적고, 사교적이지 못한 성품 때문에 나와 함께 월남한 김백일과 최남근, 그리고 앞서 월남한 정일권 정도 말고
는 달리 곁에 친하게 지내는 사람은 거의 없었다.

군사영어학교를 마친 뒤에 받은 보직은 서울에서 멀리 떨어진 부산의 5연대였다. 나를 서울로 끌어올려, 나와 같이 근무하자고 끌어 주는, 힘 있는 높은 사람도 내겐 없었다. 그런데 나를 이렇게 끌어 주는 사람이 있는 것 같다. 누굴까?

남로당 군사책 혐의로 사형 판결을 받았던 박정희 전 대통령은 1949년 2월 당시 정보국장 백선엽 대령의 결정에 따라 극적으로 살아났다. 그로부터 6년이 지난 55년 원주의 1군사령부 사령관인 백선엽 대장(왼쪽)이 5사단장으로 부임한 박정희 준장(왼쪽에서 셋째) 등 예하 사단장의 보직 신고를 받은 뒤 격려하고 있다. 박 전 대통령은 군복을 벗었다가 6.25 전쟁이 터진 뒤 복직했다.

그래서 내가 이렇게 서울 육군본부 정보국장에 있는 것이다. 정말 누구일까? 그 사람이?'

아무리 생각해 봐도 '제임스 하우스만' 미 고문관인 듯했다. 그는 당시 비록 계급이 낮은 위관급 장교에 지나지 않았으나, 미 군정 시절부터 한국군의 모든 과정에 개입해, 미군 안에서는 최고의 한국통이자 정보통으로 손꼽히는 인물이었다.

부산 5연대에서부터 백선엽을 최측근에서 가장 세밀하게 살폈던 정보장교가 ‘제임스 하우스만’이었으니까. 담배 한 대를 피우면서 이렇게 잠시 자신의 인사문제를 생각하고 있는데 다시 노크 소리가 들렸다.

“들어오시오.”

김안일 과장이 한 사람을 데리고 들어왔다. 바로 그가 말하던 박정희 소령이었다. 그는 작은 체구에 계급장 없는 허름한 군복을 입고 있었다. 손목에는 차가운 수갑이 채워져 있었고 얼굴은 몹시 창백했다.

백 국장은 창가에서 돌아와 자신의 응접 소파에 앉았다. 김 과장도 따라서 백 국장을 마주보며 자리에 앉았다. 허리를 빳빳이 하고 서 있는 박정희 소령을 한동안 뚫어져라 쳐다보던 백 국장이 입을 열었다.

“앉으시오! 거기.”

박정희 소령이 백 국장이 가리키는 간이 의자 끝에 엉덩이를 살짝 걸치고 앉았다. 창백한 야윈 얼굴을 하고 있는 박정희 소령은 자리에 앉아서도 아무 말이 없었다. 잠시 침묵이 흐르고 있었다. 박정희 소령은 입술을 앙 다물고 시선을 창밖으로 보내고 있었다. 지금 마음속에 차오르는 여러 가지 억한 감정을 겨우 참느라고 무던히 애쓰는 모습이 역력했다. 드디어 백 국장이 침묵을 깼다.

"내게 할 말이 있다고요? 어서 말해 보시오."

한참 머뭇거리던 박정희 소령이 무거운 입을 열었다. 그는 백 선엽 국장을 똑바로 쳐다보며 낮은 음성으로 말했다.

"저를 살려줄 수 없겠습니까? 살려 주시면 그 은혜 평생 잊지 않겠습니다."

지극히 짧은 청원이었다. 순간 백 국장은 전신이 마비되는 듯했다. 온몸에 전율이 흐르고 있었다. 자신을 바라보는 박정희 소령의 눈빛이 너무나 강렬했기 때문이다. 그러면서 어쩐지 이 자를 살려주면 장차 이 나라를 위해 크게 일할 인재로 보였다. 우선 살려놓고 봐야겠다는 생각이 마음속에 가득 차올랐다.

"참 이상한 일이다. 이 자에 대해 내가 왜 이럴까?"

백선엽은 자신의 감정이 왜 이토록 연민의 숲에 빠지고 있는지 스스로 당황하고 있었다.

이렇게 해서 살아난 박정희 소령은 후일, 이 나라 절대 권력자 대통령이 되어, 그 절박한 때 백 국장에게 한 약속을 평생 잊지 않고 지켜줬던, 박정희 대통령을 우리는 뒷장에서 자세히 보게 될 것이다.

"그래요. 어디 한번 해 봅시다!"

백선엽 자신도 이렇게 말하곤 놀랐다. '평소 신중에 신중을 기하는, 자신에게 엄격하기로 소문난 백선엽답지 않게, 내가 오늘은 왜 이렇게 가벼울까? 박정희 소령을 살릴 권한도 없는 내가, 지금 이 자리에 앉아서 이런 경솔한 말을 함부로 하다니….' 이날은 이렇게 해서 끝났다.

다음 날부터 백선엽은 박정희 소령을 구명(救命)할 방도를 찾기 시작했다. 다행히 박정희는 친형 박상희와는 달리 그 당시 남로당 군사책이긴 해도 실제 좌익 활동을 한 것이 별로 없었고 그저 이름만 올려져 있는 상태였다.

그리고 좌익 간부들을 색출해 내는 과정에서 협조를 잘해 성과를 올린 실적들이 여기저기서 많이 나왔다. 그래서 백 국장은 박정희 구명 일건 서류를 속도 있게 만들 수가 있었다.

백 국장은 만든 서류를 들고 참모총장 이응준 장군을 찾아갔다. 그리고 자초지종을 설명했다. 방첩과장 김안일 소령과 정보주임 김창룡 대위도 이 서류에 연대 서명을 할 수 있도록 그들을 설득시켰다.

얼마 후, 박정희 소령은 사형 집행 직전, 형 집행 정지로 살아날 수 있었다. 정말 놀라운 일이다. 구사일생으로 살아난 박정희는 이제 자유의 몸이 되었다. 귀중한 한 생명이 한 사람의 지극정성과 노력으로 살아난 것이다.

그러나 백선엽은 정말 살려줘야 했을 최남근 중령은 살리지 못했다. 못 살린 것이 아니고 살리지 않았다는 말이 어쩌면 맞을지 모른다. 최남근 중령은 정일권, 김백일 등과 같이 만주군관학교 백선엽의 선배다. 그리고 남한으로 같이 월남해서 군 생활을 함께한 절친한 선배다.

그런데도 백 국장이 그를 살리지 않은 것은, 최 중령이 정말 용서받을 수 없는 국가 반역행위를 했기 때문이다. 분명 적과 내통한 증좌가 있는 최 중령을 양심상 결코 용서할 수가 없었다.

이것을 보면서 많은 사람들은 백 국장이 정말 무서운 사람이라고 했다. 지나칠 정도로 공사(公私)가 각별했고 자신에게는 너무나 엄격 했다. 박정희는 살리고 최남근은 살리지 않았다는 비난 가운데 시간은 흘러갔다.

매섭던 겨울 날씨가 2월의 이른 봄기운에 서서히 누그러지고 있었다. 들녘에는 벌써 동백, 복수초가 눈에 띄었다. 그러던 어느 날 사형 집행 정지로 풀려나 자유의 몸이 된 박정희가 인사차 정보국 사무실에 나타났다. 구명(救命)의 은인인 백선엽에게 인사하러 들른 것이다. 김안일 방첩과장이 만면에 환한 미소로 앞장서고 뒤에는 박정희가 따르고 있었다.

"국장님 저희들 왔습니다."

김안일 과장이 큰소리로 외쳤다.

"어서 오시오. 좀 앉으세요."

백 국장이 반가운 표정으로 이들을 맞아준다.

두 사람은 맞은편 소파에 나란히 앉았다. 백 국장은 이들에게 담배를 한 대씩 권하면서 박정희를 물끄러미 바라본다. 오늘도 몸 상태는 별로 좋아 보이지 않았다. 얼굴은 몹시 야위었고 피부는 지난번보다 더 까무잡잡하게 거칠어 보였다. 백선엽이 먼저 말했다.

"몸은 좀 어떻습니까?"

"그런대로 지낼 만합니다. 이번에 제 목숨을 살려주셔서 정말 감사합니다. 지난번에도 말씀드렸지만, 이 은혜는 평생 잊지 않겠습니다."

박정희는 앉은 자리에서 주춤거리며 일어나 허리를 굽혀 백 국장에게 깍듯이 고마움의 인사를 했다. 진심이었다. 정말 고마운 표정이었다. 후일 대통령이 되어서도 박정희는 이 약속을 평생 잊지 않고 지켰다.

지금 이렇게 백선엽 앞에 쪼그려 앉아, 볼품없이 말하는 이 처량하게 보이는 자가 장차 이 나라 절대 권력의 대통령이 될 것이라고 누가 알았겠는가.

"평생 은혜라니, 고맙습니다. 내 염려는 내려놓고, 이제부터는 직장도 없고 생활은 어떻게 하지요?"

백 국장은 이제부터 백수가 된 박정희 생활을 벌써부터 걱정하는 것이다.

"어떻게 되겠지요. 굶기야 하겠습니까. 무엇이나 닥치는 대로 일을 해야지요."

박정희는 아무렇지도 않은 듯 담담하게 말했다. 과거 천재들만 입학한다는 대구사범과 일본 육사를 졸업한 최고의 엘리트 박정희가 지금 어디를 가든 밥은 먹겠지만, 사형수라는 그 오명은 평생 자신을 괴롭힐 것이라는 생각에 백 국장은 그것을 지금 걱정하고 있는 것이다. 잠시 무언가 생각하던 백 국장이 자리에서 벌떡 일어났다. 그리고 바쁘게 말한다.

"내 잠시 나갔다 올 테니 좀 기다려 주시오!"

그러면서 백선엽은 문밖으로 부리나케 나간다. 백 국장은 옆방에서 일하고 있는 전투정보과장 유양수 소령을 찾아갔다. 그는 마침 자리에 있었다. 백선엽은 유 과장에게 단도직입으로 물었다.

"유 과장! 다름 아니고 저 박정희 소령 있잖아. 응. 이젠 소령 아니지…. 박정희 씨 말이야. 우리 정보국에 내가 문관(文官)으로 채용하려고 하네. 할 수 있지?"

"안됩니다."

능력 있고 영리하기로 정평이 나 있는 유 과장이 한 마디로 딱 자른다.

"이 사람아! 왜 안 되는데?"

백 국장은 좀 답답한 표정으로 말한다.

"월급을 줄 예산이 전혀 없습니다."

"그게 안 된다는 이유 전부냐?"

"그렇습니다. 편제에 자리 하나는 만들면 되지만, 예산은 전혀 없습니다."

"그렇다면 됐어! 예산은 걱정 말어! 그건 내가 책임진다. 빨리 문관 자리 하나 만들어요!"

백 국장은 유양수 소령에게 단호히 지시한다.

"네, 알겠습니다. 곧 조치하겠습니다."

유 과장은 이 지시사항을 수첩에 메모를 하고 있었다.

백 국장의 정보국에 국장이 쓸 수 있는 예산이 별도 있었기 때문이다. 그것은 백 국장 개인 신용으로 미 고문단에서 특별히 정보국에 매월 지원하는 C-레이션이 있었다. 이것이 큰 돈이 되고 있었다. 시장에 내다 팔면 고가품으로 없어서 못 파는 인기 물품이다. 백 국장은 만족한 표정을 지으며 박정희가 앉아서 기다리는 자신의 사무실로 다시 돌아왔다.

"많이 기다렸지요? 취직 자리를 하나 만들었어요. 당신은 내일부터 우리 정보국에서 근무할 수 있어요. 그럴 수 있죠?"

백 국장은 박정희를 부드러운 시선으로 바라보며 물었다.

"고맙습니다. 그렇게까지 배려해 주시다니…."

박정희의 눈언저리가 잠깐 동안 붉어지고 있었다. 죽어 가는 생명을 애를 써서 살리더니, 이젠 생활의 목구멍까지 챙겨 주는 이 자비의 고마움을 장차 내 어찌 다 갚을꼬…. 박정희는 마음속으로 다지고 또 다졌다. '이 은혜는 절대 잊지 않겠다고!'

"김 과장! 전투정보과에 오늘 당장 자리 하나 만들어요. 내일부터 근무할 수 있도록."

백 국장은 김안일 과장에게 지시하고 이응준 참모총장과의 약속 때문에 각종 서류를 챙겨 사무실 밖으로 바삐 나갔다. 이즈음, 어느 신문사 선임 기자가 백 국장을 붙들고 집요하게 물었다.

"국장님은 전생에 박정희 씨와 무슨 인연이 있길래 이토록 자비를 베푸시는지 참 궁금합니다."

"궁금한 것도 참 많다. 인연이 있어서 그러나요?"

백 국장은 선임 기자를 응시하며 반문했다.

"아무것도 없고서야 평소 국장님 성격으로 보면 참 이해가 안 되거든요. 항간에는 또 이런 소문도 돌아다닙니다."

기자는 물러서지 않고 계속 태클을 걸며 달려들었다.

"어떤 소문이오?"

"국장님이 박정희의 외할아버지뻘 된다는 소문이오."

기자는 두 사람 집안 족보 관계를 걸어서 이렇게 따지고 있었다.

백선엽은 박정희보다 3살 어리지만, 항렬로는 외할아버지뻘 된다는 것이다. 즉 박정희 모친 백남의는 수원 백씨 28세손으로, 남(南)자 항렬이고 백선엽은 수원 백씨 27세손이라는 것이다. 그래서 박정희는 대통령이 된 뒤에도 사석에서는 백선엽을 보면, '형' 또는 '백형'이라고 불렀다는 것이다.

"국장님은 자신의 업무에만, 충실한 분이고…. 냉철하시고 지극히 원칙적, 사무적인 분이 이번에는 너무나 의외의 선한 일을 적극적으로 하신 것은 다 이런 이유가 있었던 게 아닙니까?"

"꼭 그런 것은 아니고, 내 이름에 착할 선(善) 자가 있지 않소? 착할 선 자 말이오."

그러면서 백선엽은 목젖이 보일 만큼, 큰 소리를 내어 즐겁게 웃었다. 기자도 따라 웃으며 집요한 그의 질문을 이어갔다.

"박정희 씨 모친(母親)이 같은 백(白) 씨라서 그런 거 맞지요?"

"어, 그 사람 모친께서 백 씨였던가요? 그걸 미리 알았더라면, 더 관심을 가져줄 걸 그랬어요."

백 국장은 여전히 웃고 있었다. 훗날 백 장군이 예편하고 나서 김동길 교수와 어느 좌담회에서도 비슷한 대화가 있었던 것을 우리는 기억한다. 그때도 사회자가 김동길 교수에게 물었다.

"김 교수님! 다부동 전투 구국의 영웅이신 백선엽 장군이 유

별나게 김 박사님을 좋아하시는 무슨 이유라도 있나요?"

이 질문에 김 교수가 백 장군을 한참 바라본 후 이렇게 대답했다.

"글쎄요. 아마 이런 것 같아요. 나하고 평양남도 강서 고향이 같고, 내 어머니 성(姓)이 방(方) 씨라서….."

사회자가 다시 물었다.

"어머니 방 씨와 무슨 상관인데요?"

"응, 상관이 절대적으로 있지. 백 장군께서 세상에서 제일 존경하는 모친 방효열 님의 성이 바로 방 씨거든."

좌중은 이렇게 해서 모두 한바탕 웃었던 일도 있었다.

다음 날 아침, 백선엽은 여느 때처럼, 유양수 과장을 불렀다. 저쪽 건너편 상황실 테이블 앞에 잔뜩 웅크리고 앉아서 근무하는 박정희 문관의 모습도 보였다. 언제 왔는지 유양수 과장이 백 국장 앞에 서 있었다.

백 국장이 비시시 웃으며 유 과장을 쳐다본다. 유 과장은 참 기분 좋은 부하다. 언제 봐도 표정이 밝다. 어떤 미션을 줘도 언제나 좋은 결과를 만들어 낸다. 성실하고 능력이 있다.

백 국장은 살짝 미소를 띠며 유 과장을 바라본다.

"유 과장을 부른 것은 내가 유 과장을 좋아하니까 불렀어."

국장이 밑도 끝도 없는 말을 묘하게 할 때는 거의 새로운 미션을 줄 때다.

"어서 지시하십시오. 받들어 거행하겠습니다."

빙빙 돌리지 말고 바로 이야기하라는 표정으로 유 과장은 말한다. 옆에서 듣던 좌중이 모두 폭소다. 언제부터인가 백 국장도 유머스럽게 이야기하는 것을 배워, 가끔씩 주변을 어색하게 웃기기도 한다. 백 국장이 정색을 하며 다시 말했다.

"우리 정보국에 하달되는 미션이 하루에도 몇 건인지 모른다. 업무가 몹시 과중하다는 말이다. 지금 인원으로는 도저히 감당할 수 없다. 유 과장! 그렇게 생각 안 되나?"

시선을 딴 데로 돌리고 있는 유 과장을 쳐다보며 백 국장이 질문했다.

"저도 그렇게 생각합니다."

유양수 과장이 또렷한 음성으로 말했다.

"그러면 대책이 뭔가?"

"인원을 보충해야 합니다."

"어디서, 어떻게?"

"……"

유 과장이 묵묵부답이다. 백 국장은 유 과장에게 꽂은 따뜻한 시선을 돌리지 않고 말을 계속했다.

"이달 말 태릉 육사 8기생이 졸업이야. 역대 어느 기보다 인원이 제일 많대. 아마 한 1200여 명이나 되는가 봐. 그리고 이번 기에는 공부 잘하는 학생들이 많다는 거야.

"……."

"무슨 말인지 모르겠어?"

"……."

그래도 유 과장이 말이 없자 백 국장이 탁자를 탁 치며 말했다.

"가서 잡아 와! 그놈들을."

"어떻게요?"

유 과장 눈이 동그래진다.

"오늘 왜 이러실까? 머리 좋은 유양수가…. 내가 교장한테 전화해놓을 테니, 내일 당장 가서 각개 면담을 해! 졸업 성적표도 미리 받아 보고. 50등 안에 드는 놈들 중 열 놈만 잡아 와. 혼자 가지 말고 옆 사무실 계인주 중령과 같이 가도록 해."

국장의 단호한 지시다. 월말 졸업과 동시에 그들은 첫 발령지가 이곳 정보국이 될 것이다.

육군사관학교 기원은 대략 다음과 같았다. 1945년 12월 5일 서울 서대문 현재 감리교신학대 자리에서 개설된 군사영어학교였다. 물론 백 국장도 이 학교 출신이다. 이 학교는 한국의 군

경력자들에게 영어와 함께 미국식 군사훈련을 단기간 내 교육해서 통역관 및 군 간부 요원을 확보하려는 목적을 가지고 있었다.

이 학교 입교생은 주로 일본군과 만주군 출신들이었고, 1946년 4월 30일 폐교될 때까지 총 110명의 장교를 배출했다. 이들 중 78명이 후에 장군으로 진급했다. 이 군사영어학교 뒤를 이어 1946년 5월 1일 조선경비사관학교가 약 80명을 1기생으로 하여 태릉에서 개교했다.

이들 1기생들은 후에 기수 조정을 거쳐 현재 육사 1기생으로 불렸다. 1기생들 이후 7기까지의 사관 후보생들은 기수에 따라 짧게는 45일에서 길게는 6개월 정도의 교육을 받은 후 임관되었다.

조선경비사관학교는 1948년 9월 5일 국군이 창설됨과 동시에 육군사관학교로 개칭되었다. 육사 8기는 한국 정부가 수립된 직후에 입교했는데 초급 간부의 수요가 급격히 늘어나는 시점이었기 때문에 전체 육사 기수를 통해서 가장 많은 숫자인 1236명의 육사 8기생들이 1949년 5월에 임관되었다.

유양수 과장은 8기생 이들 중에서 백 국장이 말한 대로 정말 성적 좋은 엘리트 명단을 뽑아 왔다. 면접을 하기 전에 학생처에 부탁을 해서 먼저 전체 졸업 예정자들의 성적표를 받아 검토하는 것도 잊지 않았다.

1차 100명을 뽑아, 50명으로 압축하여 이 인원으로 면접을 실시했다. 그렇게 해서 그중에 10명만을 선발하라고 했는데 버리기가 너무 아까워, 결국은 31명의 우수자 엘리트를 뽑았다. 이들 중 10명을 정보국 요원으로 받아들였다. 그 당시 그 면면을 보면 박정희와 함께 5·16을 일으켰던 최영택, 김종필, 이희성, 이영근, 석정선 등 쟁쟁한 멤버들이었다.

그해 말 8기생들이 예정대로 졸업을 했다. 계획대로 이들 중 10명이 육군본부 정보국 전투정보과에 보직이 되었다. 젊은 피수혈로 정보국의 분위기가 확 바뀌었다. 모두 일할 맛이 난다고 했다.

그러나 전투정보과 분위기를 가끔씩 어색하게 만드는 사람이 있었다. 그는 누구와도 잘 어울리지 않고 시간만 나면 머리를 감싸 안은 채 상황판 앞에 엎드려 있었다. 박정희 문관이 그랬다. 처음 그는 8기생들과 어딘지 낯설면서도 가까이하기에는 뭔가 어색한 존재로 만났다.

그래서 박정희 문관은 처음에는 늘 혼자였다. 퇴근 무렵에는 직장 동료 한두 사람과 조용히 만나 술집으로 가긴 했지만. 그 무렵 박정희는 자신의 적적함을 달래 줄 술친구 몇 사람은 있었는데, 나중에 서울신문사 사장을 지낸 장태화 씨가 그중 한 사람이었다.

　그러나 이들 8기생들은 6·25가 터진 뒤 육군본부를 따라 대구로 내려가서는 점점 친밀한 사이로 변했다. 김종필 전 총리가 박정희 전 대통령의 조카사위가 되는 것도 그 무렵이었고, 나머지 8기생들 또한 과묵하지만 치밀한 업무 능력과 넘치는 카리스마에 끌려 박정희에게 외경심을 갖고 바라보면서 어느새 그를 추종하는 세력으로 변해 가고 있었다.

　특히 그는 술자리에서 그들에게 지나간 일본 2·26 사건에 대해 자주 말하곤 했다. 2·26 사건은 1936년 2월에 일본 육군의 황도파(皇道波) 청년 장교들이 1483명의 병력을 이끌고 일으킨 반란을 말하는 것이다. 이때 8기생들이 박정희로부터 어떤 영향을 받았는지는 알 수 없었다. 아무튼, 백선엽 정보국장은 육사 8기생에서 뽑혀 온 이들에 대해서 비교적 만족을 했다. 그러나 자신이 갖다 놓은 이들이 훗날 박정희와 어울려 5·16에 뛰어들었던 것에 대해서는 '아주 공교로운 일이었다'고 회상하기도 했었다.

　어찌 이뿐이겠나. 자신이 살려준 박정희 문관을 이로부터 1년여 뒤 6·25가 터지면서 군문(軍門)에 다시 복귀를 시킨다. 그리고 끝까지 따라다니는 좌익 사형수 꼬리표가 있었음에도, 이런 온갖 어려움을 무릅쓰고 육군참모총장 백선엽 이름으로 그를 장군으로 승진시켰다. 이렇게 해서 소장까지 된 박정희 장군이 결국 이들 8기생들과 의기투합하여 5·16을 일으켰으니, 이것은 역사의 우연치고는 너무나 큰 우연이라고 할 수밖에 없었다.

역사는 우연의 연속일 수도 있다. 정작 그들에게 그런 자리를 만들어 준 백선엽 장군은 지금도 단호히 말하고 있다. ‘군인의 정치 참여는 철저히 반대한다’라고. 백 장군은 지금까지도 군인이 정치권력을 잡은 5·16을 근본적으로 찬성하지 않는 편이다.

그러나 박정희 전 대통령이 그런 과정을 통해 집권에 성공했음에도 결국 대한민국 산업화의 초석을 공고하게 다졌다는 점은 크게 인정하고 있다. 즉 대한민국을 세계적인 국가 반열에 올린 토대를 쌓은 공로는 기꺼이 받아들일 수 있다는 것이다.

어쨌든 6·25전쟁의 난리통 직전에 박정희는 정보국에서 목숨을 건졌고, 육사 8기생이라는 자신의 든든한 후원 세력을 얻었다. 그리고 백선엽 장군의 도움으로 어렵사리 장군이 되고 하는 이 모든 것이, ‘군인은 정치와는 거리를 둬야 한다’는 평소의 확실한 지론에서 볼 때, 너무나 이율배반적인 것이다.

그러나 자신이 이 모든 정치 현장을 만들어 낸 장본인이었으므로 도도히 흐르는 이 엄청난 역사를 결코 부인할 수 없었다고 말하고 있었다.

조지훈 교수의 인생 마지막 특강

조지훈 교수(청록파 시인, 고려대 교수, 당시 종군기자)는 굵직한 톤으로 이따금씩 잔기침을 섞어가면서 강의를 이어 나갔다. 그는 열심히 경청하고 있는 제자들에게 이렇게 물었다.

"이 학교 교훈이 뭔지 다들 알고 있겠지? 아는 사람?"

"네! 제가 알고 있습니다."

강의실 뒤쪽 창가의 어느 남학생이 오른손을 번쩍 들고 큰소리로 외쳤다. 그 남학생은 영문과에 다니는 나천우였다.

"어서 말해 보게!"

지훈 교수는 눈으로 그 학생을 지목했다.

"자유 정의 진리입니다."

그 남학생은 또렷하게 큰소리로 외쳤다.

"오라잇! 맞았어."

지훈 교수는 탁자를 탁! 치면서 앉은 자리에서 벌떡 일어났다. 그러면서 교단 위를 이리저리 걷기 시작했다.

"여러분! 자유란 무엇인가? 이 땅에는 일천만 이산가족들이 있어요. 그들은 북한에서 목숨 걸고 탈출해서 이 땅에 자유(自由)를 찾아왔습니다. 도대체 자유(自由)란 무엇입니까? 자유가 무엇이기에 그들은 목숨까지 걸면서 탈출했을까요?"

지훈 교수는 목이 타는 듯, 교탁 위의 물컵을 들고 학생들을 조용히 응시하고 있었다. 그러다가 뒤돌아서서 칠판에 이미 써 있는 '다부동 전투' 앞부분에 '낙동강 최후의 방어선'이라고 쓴 후, 봄기운으로 화사한 창밖을 한동안 바라보면서 지난날을 회상하고 있는 듯했다.

"다부동 전투는 6·25 전쟁의 최대 격전지이자 최후의 방어선 전투였습니다. 이 전투에서 국군은 55일 동안 한 걸음도 물러나지 않았으며 전투를 결국 승리로 이끌어 냈습니다. 만일 이때 다부동 낙동강 전선이 무너졌더라면 인천 상륙작전도 없었을 것입니다. 바로 끝자락인 부산까지 함락되면서 이 나라는 완전 공산 적화(共産赤化)로 되었을 것입니다. 그야말로 조국 대한민국의 운명이 마치 바람 앞의 촛불처럼, 일촉즉발의 위기에 있었을 때, 이 나라 젊은이들은 결코 좌시하지 않았습니다. 학생들은 소년병으로, 청년들은 학도병으로, 어른들은 실탄을 나르는 노무자로 무너져 가는 낙동강 전선에 모여들었습니다.

그들은 목숨을 초개같이 버리고 조국을 구해내는 데 앞장섰습니다. 그런 감격스러운 모습을 그때 나는 종군 기자로 전투 현장에서 똑똑히 보았습니다. 18년이 흐른 지금도 나는 그때 그 모습, 그 현장을 결코 잊을 수 없습니다. 14세 어린 학도병이 죽어가면서 어머니에게 보낸 마지막 편지는 그때 우리 모두의 가슴을 아프게 찢었습니다. 그때 이 나라 젊은이들은 왜 그랬을까요? 그것은 곧 인간이 살아가는데 가장 고귀한 '자유(自由)'를 지키기 위해서였습니다. 자유! 자유! 자유가 무엇이기에 귀중한 그들의 목숨을 그토록 버렸단 말입니까?"

잠시 말을 멈춘 지훈 교수는 손수건을 꺼내, 안경 너머 스며드는 눈물을 힘없이 찍어내고 있었다.

어머니께 미처 부치지 못한, 학도병의 편지

지훈 교수의 열강은 계속되었다. 그는 다시 분필을 집어 들고 칠판에 '어머니께 미처 부치지 못한 어느 학도병의 편지'라고 썼다. 돌아서서는 학생들을 자신의 시선 안으로 끌어모으면서 다시 말하기 시작했다.

"6·25전쟁에서 가장 많은 희생을 치른, '다부동 낙동강 방어선 전투'에서 피어보지 못하고 죽은 어린 목숨들이 많았습니다. 이들의 불타는 정의감과 충성심이 없었더라면, 그때 낙동강 전투를 결코 승리로 이끌지 못했을 것입니다. 이때 학도병으로 참전했던 소년들은 훈련을 조금도 받지 못한 채, 학생복 차림으로 일선 각 사단에 배치되었어요. 이때 동성중학교 3학년에 재학 중, 참전했던 이우근 학도병은 겨우 14살이었어요. 때는 1950년 8월 11일 새벽 4시 반, 포항여자중학교에서 북한군과 전투 중에 학도병들은 전멸 상태였습니다. 이때 학도병 71명은 그 자리에서 모두 전사했어요. 이 중에 이우근 학도병도 끼어 있었습니다. 죽은 이우근의 수첩에 적힌 어머니에게 쓴 편지는 전쟁의 실체가 고스란히 들여다보여, 우리 모두의 가슴을 아프게 찢어 놓았습니다."

지훈 교수는 그러면서 자신의 왼쪽 가슴에 손을 얹었다.

오늘 지훈 교수의 강의는 글자 그대로 열강이었지만, 평소에 그에게서 보기 힘든 어떤 슬픔 같은, 촉촉한 감정이 그의 얼굴 전체에 역력했다. 그러면서 그는 이우근의 편지 내용을 중저음으로 읽기 시작했다.

어머니! 나는 사람을 죽였습니다.

돌담 하나를 사이에 두고 10여 명은 될 것입니다. 적군은 다리가 떨어져 나가고, 팔이 떨어져 나갔습니다.

어머니! 전쟁은 왜 해야 하나요? 어제 내복을 빨아 입었습니다. 물내 나는 청결한 내복을 입으면서 저는 왜 수의(壽衣)를 생각했는지 모릅니다. 어쩌면 제가 오늘 죽을지도 모릅니다. 하지만 저는 살아가겠습니다.

꼭 살아서 가겠습니다. 어머니! 상추쌈이 먹고 싶습니다. 찬 옹달샘에서 이가 시리도록 차가운 냉수를 한없이 들이켜고 싶습니다.

아! 놈들이 다가오고 있습니다. 다시 또 쓰겠습니다.

어머니 안녕! 안녕! 아! 안녕은 아닙니다. 다시 쓸 테니까요.

1950년 8월 10일. 아들 이우근 올림.

편지를 다 읽고 난 지훈 교수는 고개를 들고 학생들을 슬픈 눈으로 바라보고 있었다.

"사랑하는 학생 제군! 이 나라 조국 대한민국을 어린 이 학생들이 이렇게 지켜 냈습니다. 이렇게 죽어가면서 말입니다. 그들은 자유와 정의와 진리를 위해서 그렇게 했던 것입니다. 아마 여러분도 그 당시 그 자리에 있었다면 충분히 그랬으리라 나는 믿고 싶어요.

나도 6·25전쟁의 피해자 중, 한 사람입니다. 나의 부친도 최린,

이광수 등과 함께 6·25 때 북괴군에 의해 납치되었지요. 종군 작가, 기자로 그때 나는 이 전투 현장에서 죽을 고비를 여러 번 넘기면서 실로 많은 것을 보았습니다. 다부동 전투가 끝난 후, 내가 지은 시를 보면 여러분은 그때 내 심정을 어느 정도 이해하리라 생각돼요."라면서 지훈 교수가 6·25전쟁 직후 지은 「다부원에서」의 시를 낭랑하게 읽기 시작했다.

한 달 농성 끝에 나와 보는 다부원(多富院)은 / 얇은 가을 구름이 산마루에 뿌려져 있다 / 피아(彼我) 공방의 포화가 / 한 달을 내리 울부짖던 곳 / 아아 다부원은 이렇게도 대구에서 가까운 자리에 있었구나 / 조그만 마을 하나를 / 자유의 국토(國土) 안에 살리기 위해서는 / 한해살이 푸나무도 온전히/제 목숨을 다 마치지 못했거니 / 사람들아 묻지를 말아라 / 이 황폐한 풍경(風景)이 / 무엇 때문의 희생인가를 / 고개 들어 하늘에 외치던 그 자세대로 / 머리만 남아 있는 군마(軍馬)의 시체 / 스스로의 뉘우침에 흐느껴 우는 듯 / 길옆에 쓰러진 괴뢰군 전사 / 일찍이 한 하늘 아래 목숨 받아 / 움직이던 생령(生靈)들이 이제 / 싸늘한 가을바람에 오히려/ 간 고등어 냄새로 썩고 있는 다부원 / 진실로 운명(運命)의 말미암음이 없고 / 그것을 또한 믿을 수가 없다면 / 이 가련한 주검에 무슨 안식(安息)이 있느냐 / 살아서 다시 보는 다부원은 / 죽은 자(者)도 산 자도 다 함께 / 안주(安住)의 집이 없고 바람만 분다.

백선엽 장군과 미 대통령 아이크와의
위대한 담판

백선엽이 기다리는 1953년 5월 13일 워싱턴의 새벽이 마침내 밝아 오고 있었다. 세면장에서 면도를 정성스럽게 하고 세수를 한 백선엽은 실내 바닥에 '다부동'에서처럼 무릎을 꿇었다. 두 손을 모았다. 그리고 하나님께 간절히 기도를 했다.

"우주 만물을 섭리하시는 하나님, 부족한 제가 한국군 육군참모총장 자격으로 태평양을 건너 이곳 워싱턴에 왔습니다. 간절히 기도합니다. 오늘 아침에 아이젠하워 미 대통령을 만나게 해 주시는 것 감사드립니다. 그 자리에서 한미 상호방위조약을 당당하게 요청할 것입니다. 이 요청이 거절되지 않도록 하나님께서 저를 도와주시옵소서. 휴전을 앞둔 대한민국의 안보를 위해선 이것이 꼭 필요하오니 미 대통령의 마음을 움직여 주시옵소서."

기도를 마친 백선엽은 반쯤 열린 호텔 큰 창문을 활짝 열어젖

혔다. 5월의 봄 꽃향기가 새벽 창문을 통해 흠뻑 들어오고 있었다. 그중에 라일락 향기가 단연 독특했다. 이 호텔은 각 층마다 정원이 있는 것이 특징이었다. 창틀 아래 화단에는 5월의 꽃들이 소담스럽게 피어 있었다. 노랑 찔레, 공조팝, 불두화, 클레마티스, 하얀 라일락 등이 백선엽의 눈을 황홀하게 만들고 있었다.

오전 10시, 시간에 맞춰 백선엽은 백악관 입구에 도착했다. 그 자리에는 벌써 한국통이자 유명한 정보 장교였던 하우스만 중령과 통역장교로서 당시 미국에 유학 중이던 남성인 대위가 와 있었다. 백선엽은 그들과 함께 사전에 통보받은 대로 백악관 직원들이 출입하는 '통용문'을 통해 백악관에 들어섰다. 아이젠하워와의 면담 장소는 대통령 집무실인 오벌룸이었다.

그러나 그 문 앞에서 대통령 경호원들은 하우스만과 남성인 두 사람을 제지하고 나섰다. 백선엽만 혼자 들어가라고 했다. 백선엽이 오벌룸에 들어서자 집무실 의자에 앉아 있던 아이젠하워가 활짝 웃으며 자리에서 일어선다.

"어서 와요. 백 장군! 오랜만이오. 반갑습니다. 이승만 대통령 잘 계시죠?"

미 대통령은 한국 대통령의 안부를 묻고 있었다.

"네, 잘 계십니다. 이승만 대통령이 각하께 안부의 말씀을 전하라는 당부도 있었습니다."

백선엽도 의례적인 인사를 했다.

"아 참, 고맙군요."

아이젠하워는 웃음기를 띠며 말했다. 그의 큰 눈이 그동안 더 커진 것처럼 보였다. 아이젠하워는 바로 본론으로 들어갔다.

"우리 미국은 한국전쟁을 끝내고 곧 휴전에 들어갈 것입니다. 이승만 대통령과 한국 국민들이 휴전에 반대하고 있는 것도 나는 잘 알고 있어요. 그렇지만, 우리는 휴전할 것입니다. 그건 미 대통령 선거, 내 공약입니다. 어쩔 수 없습니다. 미국 군인을 한국 전선에서 더 죽게 해서는 안 됩니다."

아이젠하워는 더 죽게 해서는 안 된다는 말에서는 악센트를 가하고 있었다. 그러면서 그는 탁자 위에서 식어 가는 커피를 소리 내어 마시고 있었다. 그러면서 하던 말을 이었다. 아이젠하워는 말없이 심각한 표정으로 앉아 있는 백선엽을 넌지시 바라보며 말했다.

"백 장군! 무슨 용건으로 나를 보자 했소?"

"아 네, 귀한 시간 허락하신 거 먼저 감사드립니다. 지금 각하의 입장도 저희들 잘 알고 있습니다. 그러나 각하께서는 저희 이승만 대통령과 한국 국민들의 염원이 '통일'이라는 것을 알아주셨으면 합니다. 지금 통일을 하지 않으면 한국의 통일은 영원히 없어지는 것을 우리는 너무나 잘 알고 있습니다."

아이젠하워는 백선엽이 영어로 또박또박 힘주어 말하는 것을 열심히 경청하고 있었다. 백선엽은 아침 내내 무슨 말로 미 대통령을 설득시키나 생각해 두었던 말들을 차분하게 말하고 있었다.

"각하! 한국인의 통일 열망을 결코 과소평가해서는 안 됩니다. 국민 모두가 원하는 사안입니다. 지금 압록강 국경 지역에는 100만의 중국 군대가 진을 치고 있고, 김일성 군대는 호시탐탐 언제나 침략의 기회를 엿보고 있습니다. 이런 상황에서 그냥 휴전을 한다는 것은 정말 위험한 자살 행위입니다."

"자살 행위?"

미 대통령이 자살 행위라는 대목에서 백선엽의 말을 잠시 중단시켰다.

"네 그렇습니다. 바로 자살 행위입니다. 휴전하면 이 땅에서 미군과 유엔군이 바로 철수할 텐데, 무슨 힘으로 저들의 재침 야욕을 막을 수 있겠습니까? 각하께서도 공산주의 성향을 너무나 잘 아시지 않습니까?"

아이젠하워가 앞에 놓인 탁자를 탁 치며 이렇게 반문했다.

"백 장군! 그러면 내가 어떻게 해야 합니까?"

백선엽은 하던 말에 더욱 힘을 주고 있었다. 자신이 결국 듣고 싶었던 이야기를 지금 미 대통령이 하고 있는 것이다. 옳다구나 몹시 기다렸다는 듯이 백선엽은 더욱 힘주어 말했다.

“네 그건, 휴전에 앞서 각하께서는 한국인에게 무언가 확실한 보장을 해 주셔야 합니다.”

“보장이라니 그게 뭐요?”

“한미 상호방위조약입니다.”

순간 아이젠하워는 좀 당황하는 듯 어색한 웃음을 짓고 있었다. 그러면서 이해가 안 된다는 표정이었다.

“상호방위조약은 상대적으로 서로 주고받는 무엇이 있어야 하는데 미국은 그렇다 치고, 한국은 미국을 위해 무엇을 해 줄 수 있나요?”

아이젠하워는 정말 말도 안 된다는 듯 난색을 표하고 있었다. 그러나 백선엽은 물러서지 않았다.

“각하! 제가 말씀드리는 한미 상호방위조약은 그런 일반적인 의미의 조약이 아닙니다. 지금도 한국 전선에서 많은 미군이 죽어가고 있습니다. 왜 그런가요? 솔직히 말해, 미국은 꼭 한국만을 위해 그러는 게 아니잖아요? 양국의 공영을 위하고, 세계 자유 평화를 위하는 극동의 미국의 위대한 세계적인 목표가 있기 때문이지요.”

지금까지 난감한 표정으로 굳어만 있던 아이젠하워의 얼굴 표정이 서서히 부드럽게 풀어지고 있었다. 백선엽은 이 순간을 놓치지 않고 있었다. 더욱 확고한 쐐기를 박아야겠다는 생각이 들

110

었다. 그래서 틈을 주지 않고 계속 설명했다.

"각하! 생각해 보십시오. 한국은 자체 힘 단독으로 저 100만의 중국군과 김일성 군대를 막을 수 없음은 너무나 명확한 일인데, 아무 대책 없이 덜렁 휴전해 버리고, 한국 전선에서 철수한다면 미군과 유엔군이 이 땅에서 피를 흘리며 많은 희생을 감수하며 싸웠던 지금까지의 보람은 모두 허사가 되는 것을, 한번 생각해 보셨습니까? 이렇게 되면 한국이 공산화가 되는 것은 시간문제입니다. 그래서 우리 이승만 대통령께서 기를 쓰시고 저렇게 휴전을 반대하고 있는 것입니다."

여기까지 차분히 설명하고 있는 백선엽의 두 뺨에 뜨거운 눈물이 흐르고 있었다. 얼마나 자신의 설명에 집중했는지 뺨에 흐르는 눈물을 알지 못했고, 그 눈물을 닦는 것을 잊은 듯했다. 백선엽의 진심이 전달됐는지 아이젠하워도 눈을 껌벅거리며 휴지를 빼내 건네주며 눈물을 닦으라고 했다.

"백 장군! 잘 알았소. 백 장군 말에 원칙적으로 내가 동의하겠소."

결국, 미국 대통령은 한국의 육군참모총장이 요청한 한미 상호방위조약에 '원칙적으로 동의한다'는 답을 지금 하고 있는 것이다. 그 답을 얻어내는 데 있어 백선엽은 혼신의 힘을 다했다. 이 정도의 결과만으로도 오늘 백선엽은 성공한 셈이다. 아이젠하워는 금세 평온한 자세로 돌아가 잔잔한 미소를 지으며 백선엽에게 말했다.

"이곳에 얼마나 더 체류하게 되나요?"

"내일 뉴욕으로 떠날 계획입니다."

"가기 전에 내일 아침 국무부로 가서 월터 스미스 차관보를 만나고 가시오. 내가 별도 지시해 놓겠지만, 양국 상호방위조약에 따른 군사적인, 경제적인 문제 등을 자세히 협의하고 가는 게 좋겠소."

미 대통령 아이젠하워는 분명 느낀 게 있었는지, 친절하게 백선엽을 챙겨줬다. 그의 따뜻한 마음씨 한 단면을 보여주는 순간이기도 했다. 백선엽이 이렇게 미국에 체류하고 있었던 1953년 5월 말경, 속도 빠르게 일본 도쿄 주재 한국 전선의 총지휘관인 마크 클라크 유엔군 총사령관은 어느 날 워싱턴으로부터 한 통의 전문을 받았다.

그 내용의 요점은 '한미 상호방위조약'을 정식으로 검토해 보라는 지시였다. 이것은 이때까지 한국 정부와의 각종 교섭에서 전혀 언급되지 않았던 새로운 사안이었다. 백선엽과 아이젠하워 간에 얘기됐던 일들이 이렇게 본격적으로 수면 위로 떠오른 것이다.

백선엽은 예정대로 뉴욕으로 이동했다. 그곳에서 백선엽은 태평양전쟁과 한국전쟁의 영웅 더글러스 맥아더 장군을 만났다. 맥아더가 초청한 것도 아니고 누가 가 보라고 한 것도 아니었다. 그를 한국 전선에서 두어 차례 만났지만, 맥아더는 백선엽을 기억하지도 못했다. 그러나 백선엽은 맥아더를 일부러 찾아 문안드리고 있었다. 그것은 자신의 마음속에 고마운 마음이 항상 가득했기 때문이었다. 그는 지난날 한국을 위해 미군을 과감하게 투입해 줬고, 인천상륙작전으로 풍전등화의 조국 대한민국을 지켜준 은혜의 위대한 군인이었기 때문이었다.

맥아더는 일부러 시간을 내서 찾아준 대한민국 육군참모총장을 기쁘게 맞이해 주었다. 역전의 전쟁 영웅 더글러스 맥아더는 73세의 노인으로 변해 있었지만, 꼿꼿한 자세에 눈빛은 지난날 영웅의 기백을 조금도 잃지 않고 있었다. 6·25 한국전쟁 때는 유엔군 최고사령관으로 인천상륙작전을 성공적으로 지휘했고 중공군과 전면전을 두고 트루먼 대통령과 심한 갈등을 빚고 해임되면서 '노병은 죽지 않는다. 다만 사라질 뿐이다'라는 유명한 말을 남기기도 했던 맥아더를 오늘 이곳에서 만나니, 백선엽은 여러 가지 감회에 젖어 있었다.

이어 백선엽은 한국군 영관 장교들이 유학하고 있는 보병학교를 방문했다. 그곳에서 백선엽은 우리 한국군 젊은 장교들과 격의 없는 많은 대화를 나눴다. 한결같은 그들의 애국 열정에 백선엽은 많은 감동을 받았다. 그다음 날 백선엽은 캔자스주에 있는 지휘참모대학에 갔었다. 미군이 백선엽을 애초 방미토록 초청한 곳이 바로 이곳이었다.

백선엽은 이곳에서 고급 지휘관 교육을 받을 예정이었다. 이곳 지휘참모대학은 백선엽을 위해 교관 30여 명을 이미 배치하고 있었다. 다수의 교관들이 집중적으로 백선엽 한 사람만을 가르치는 정말 강도 높은 지휘관 교육과정이었다. 그러나 백선엽은 이곳 지휘참모대학에서 소정의 과정을 모두 마칠 수 없게 되었다. 도중에 서울의 이승만 대통령으로부터 급히 귀국하라는 한 통의 전화를 받았기 때문이었다.

"자네, 바로 귀국하게나!"

"네, 곧 그리하겠습니다. 각하!"

백선엽은 바로 귀국 준비를 서둘렀다. 당시 미국의 여러 신문에는 한국과 미국의 미묘한 관계를 엿볼 수 있는 기사들이 연일 실리고 있었다. 말하자면 이런 유형의 기사들이었다. 이승만 정부는 미국에서 유학 중인 한국군 고위 장교들을 모두 소환한다는 내용이었다. 휴전을 앞두고 벌였던 서울과 워싱턴의 갈등과 알력이 점차 그 도를 넘고 있었음을 보여 주고 있었다. 휴전 이후에 다가올 풍파를 예고하는 징후이기도 했다.

그러나 이승만은 미국에 유학 중인 모든 한국군 장교들을 소환하지는 않았다. 다만, 그 대표로 한국 육군참모총장만 조기 불러들인 것이다. 백선엽은 바로 귀국 길에 나섰다. 워싱턴에서 샌프란시스코, 그곳에서 다시 팬암 여객기를 타고 태평양을 건너 일본 도쿄에 도착했다. 여기서 또 미군이 제공하는 대형 수송기를 타고 서울에 도착했다.

1953년 6월 초, 서울의 날씨는 벌써 초여름의 열기를 띄우고 있었다. 백선엽은 귀국 즉시 경무대로 향했다. 지프를 타고 달렸다. 그러나 중앙청 광장 앞을 지나갈 수가 없었다. 광장에는 휴전 반대와 북진통일을 외치는 수많은 군중이 지프차 길을 가로막고 있었다. 백선엽은 도저히 안 되겠다 싶어, 지프 보닛 위에 올라섰다. 그리고 군중들을 향해 큰소리로 외쳤다.

"여러분! 저는 육군참모총장 백선엽입니다. 지금 경무대 이승만 대통령을 뵈러 갑니다. 길을 좀 열어 주십시오."

처음에는 떠들어 대는 군중들의 열기와 소음 때문에 무슨 소린지 잘 알지 못해 사람들은 꿈쩍도 하지 않았다. 백선엽은 좀더 큰 목소리로 한 번 더 외쳤다. 그러자 여기저기서 "백선엽 장군이다! 백 장군이다." 백선엽을 연호하며 박수 소리가 계속 터지고 있었다. 그러더니 군중들이 약속이나 한 듯 길을 만들어 주고 있었다. 어느새 넓은 길이 되었다. 백선엽은 보닛 위에 선 채로 군중을 향해 거수경례로 고마움을 표시하고 곧장 경무대로 달릴 수 있었다.

얼마 후 백선엽은 경무대에 들어섰다. 이승만 대통령의 심기가 매우 불편해 보였다. 아이젠하워 미 대통령과의 면담으로 어렵게 물꼬를 튼 한미 상호방위조약이라는 엄청난 큰 선물을 들고 온 백선엽으로서는 정말 의기양양했지만, 지금 대통령의 착 가라앉은 불편한 모습에 백선엽의 사기가 스르르 꺾이고 있었다.

"각하! 백선엽이 돌아왔습니다."

"응, 왔구먼."

대통령은 백선엽을 쳐다보지도 않았고, 자리에 앉으라는 말도 안 했다. 좀 머쓱해진 백선엽이 정색을 하면서 귀국 보고를 했다.

"각하! 이번 미국 방문 중 아이젠하워 대통령을 만나, 한미 상호방위조약에 대한…."

이 대목에서 이승만 대통령은 백선엽의 말을 가로막았다. 아직도 대통령은 뒤적이는 서류에서 눈을 떼지 않은 채 그의 말을 계속하고 있었다.

"응, 상호방위조약 말이지? 나 클라크한테서 이미 다 들었어."

"아, 그렇습니까 각하!"

그 얘기 내가 이미 다 들었으니 더 이상 보고 안 해도 된다는 뜻이다. 마크 클라크 유엔군 총사령관이 벌써 다녀간 모양이었다. 대통령이 크게 놀랄 걸로 생각하며 보고하려던 백선엽이 그만 머쓱해지고 말았다. 이윽고 이승만 대통령은 보던 서류에서 눈을 떼면서 백선엽을 피곤한 듯 바라본다. 그러면서 그는 백선엽을 향해, 사무적으로 말했다.

"자네, 여행에서 피곤할 텐데 그만 어서 가봐!"

"네, 각하 그러면 저는 물러가겠습니다."

죽을힘 다해 예정에도 없었던 미 대통령과의 만남으로 한미상호방위조약이라는 대한민국 안보의 큰 약속의 선물을 들고 왔지만, 크게 기뻐할 것 같았던 이승만 대통령의 안색은 별로 좋아 보이지 않았다. 수고했다는 말 한마디도 못들은 채 백선엽은 경무대에서 물러 나왔다. 그러나 백선엽은 아무 일 없었다는 듯 평정심으로 끝까지 침착했다. 다만 나라 걱정에 노심초사 밤낮으로 고심 중에 있는 노 대통령의 건강을 그는 걱정하고 있었다.

장군! 지금 군복(軍服) 벗을 때 됐지 않소?

- 이종찬 국방장관의 음성이 냉랭했다

1959년 2월 23일 1년 9개월 동안 제2기 육군참모총장 임무를 마치고 연합참모본부 총장(지금의 합참의장)에 취임했다. 이 자리는 별로 할 일 없는 한가한 자리였다. 고급 장성들이 퇴임 전에 잠시 쉬었다 가는 별 볼일 없는 그런 자리였다. 후임 육군참모총장은 전쟁 중 백선엽과 자주 함께했던 송요찬 중장이 맡았다.

백선엽은 오늘도 여느 날처럼 창밖의 혹독한 추위에 한겨울 움츠렸던 매화군이 조금씩 기지개를 켜고 있는 화단의 식목들을 물끄러미 바라보고 있었다.

"이제 봄이 오려나…."

혼잣말처럼 중얼거리며 무언가 골똘히 생각하고 있었다.

'군(軍)의 기강이 많이 흔들거리고 있어…. 군뿐만 아니고 이 나라 모든 구석이 지금 잘못돼 가고 있어….'

이때의 고급 장성들은 군 지휘 통솔을 무시하고 정치권에 줄을 대려고 혈안이 되어 있었다. 이승만 대통령 양자로 이기붕 아들, 이강석이 입적되자, 이기붕 쪽에 여러 장성들이 줄을 대는 빽을 써 군 기강이 많이 흔들거리고 있었다. 더욱 심한 것은 이기붕 쪽의 힘깨나 쓴다는 사람들이 노골적으로 군 인사에 간섭하여 군의 기강을 마구 흔들고 있었다.

이때 백선엽은 자신의 몸에서 힘과 영향력이 서서히 빠져나가는 것을 느끼고 있었다. 오랜 세월이 흐르면서 야전과 전시, 군 행정을 주도했던 자신의 위상이 점차 약해지고 있다는 점도 피부로 느낄 수 있었다.

이즈음 자유당 정권은 끝내 무너지고 있었다. 정권의 3.15선거 부정과 부패, 무능에 저항하는 학생들에 의해 4.19가 일어났다. 그리고 이승만 대통령은 하야를 했다. 백선엽은 여러 가지 생각에 잠겨 있었다. 마음이 정말 착잡했다. 어쩌다가 이 지경까지 됐나 싶었다. 하야한 대통령의 안부가 궁금했다.

그래서 백선엽은 어느 날, 이승만 대통령이 새 거처로 옮긴 이화장을 찾았다. 날씨가 찌뿌둥한 게 금방 소나기라도 내릴 것만 같았다. 대통령은 마침 정원에서 꽃을 다듬고 있었다. 백선엽이 가깝게 다가섰는데도 대통령은 아는지 모르는지 자기 할 일만 열심히 하고 있었다. 프란체스카 여사가 목소릴 세워 큰 소리로 말했다.

“닥터 리! 백 장군 왔어요.”

프란체스카는 그때 이승만을 ‘닥터 리’라고 부르고 있었다. 그래도 들었는지 못 들었는지 대통령은 계속 묵묵부답이었다. 백선엽이 한 발 더 다가가 인기척을 보이면서 크게 말했다.

“각하! 백선엽 왔습니다.”

그때서야 이승만은 멈칫, 하던 일을 잠시 멈추고 돌아서서 백선엽을 힐금 쳐다본다.

“어~ 백 장군이 왔구먼. 바쁠 텐데 이곳은 어떻게….”

대통령은 사뭇 냉랭한 표정을 짓더니 이내 다시 돌아서서 지금까지 하던 일을 또 계속하면서 중얼거리는 듯 말하고 있었다.

“어여 가봐! 바쁠 텐데…. 난 괜찮아.”

대통령은 며칠 새 부쩍 더 늙어 보였다. 마음의 상심이 얼마나 크셨을까를 생각하니 백선엽의 콧등이 시큰거려졌다. 그가 곧 하와이로 망명한다는 사실도 백선엽은 그때까지 알지 못했다. 옛 부하와 더 이상 말하고 싶지 않아 하는 모습에서 백선엽도 이승만 곁에 더 이상 머물고 싶지 않았다. 그래서 백선엽은 짤막하게 인사를 하고 곧장 이화장에서 나왔다.

“각하! 만수무강하세요!”

이것이 어쩌면 지상에서 마지막 작별 인사가 될지도 모른다고

120

생각하니 백선엽은 갑자기 콧등이 시큰거렸다. 최고의 권력자가 말년에 실권하고 늙어 병든 모습을 보니, 괜히 마음이 서러워진다. 지난날 경무대 일들이 순간 떠오른다. 어머니 방효열 환갑 생일날, 이승만 대통령은 어떻게 알고 백선엽 일가를 경무대에 초청했었다. 별 네 개의 큰아들 백선엽과 별 세 개의 작은 아들 백인엽이 어머니 옆에 나란히 앉아 있는 것을 보고 이승만 대통령은 즐거운 표정을 지으며 큰소리로 이렇게 말했다.

'이 방에 북두칠성이 떴구먼! 방여사는 그 에미 왕별이구요!'

그러자 어머니 방효열은 마치 기다렸다는 듯이 몹시 신나는 표정을 지으며 '큰아이 태몽이 북두칠성이었어요.'라고 말했다.

"아~ 그렇군요, 나도 내 어머니 태몽이 큰 용(龍)이었다고 해요. 북두칠성을 만들어 내신, 에미 왕별, 방여사님의 생신을 진심으로 축하합니다.'라던 대통령의 행복해하던 그때의 모습이 떠올랐다.

백선엽은 연참본부 집무실까지 어떻게 돌아왔는지 별로 기억이 없었다. 마음이 너무나 서글프고 아팠다. 그로부터 며칠 뒤 대통령은 하와이로 말없이 떠났다. 망명객의 신분이었다. 쫓기듯 떠나는 대한민국의 땅이었다. 이때 백선엽은 이 모습을 바라보며 많은 생각에 잠길 수밖에 없었다. 이승만은 어쨌거나 대한민국을 건국한 자랑스러운 이 나라 대통령이었다.

이승만 대통령은 자신과는 떼려야 떼기 힘든 사이었다. 백선엽은 전쟁이 벌어지는 동안, 그리고 다시 2차로 육군참모총장을 역임하면서 200여 명의 장군을 진급시켰다. 아주 많은 숫자였다. 백선엽은 대한민국 군대를 빠른 시일 안에 증강시키기 위해 미군으로부터 장비와 화력지원을 이끌어 내는 한편, 대통령으로부터는 고위급 장교들의 장군 진급에 관한 허락을 얻어내야만 했다.

당시의 대한민국으로서는 군대 전력 증강이 가장 절실한 과제였고, 그를 신속하게 추진하기 위해서는 장교의 육성과 배치가 함께 이뤄져야 했다. 대통령은 그 점을 충분히 이해하고 있었으며 따라서 백선엽이 올리는 장군 진급 방안에 대해서는 아무런 이의 제기가 없이 언제나 받아줬다.

또한 대통령은 아울러 새 부대를 창설할 때에는 가능한 한 반드시 노구를 이끌고 현장에 참석했다. 이렇게 그의 군에 대한 애착은 남달랐다. 부대가 새로 만들어지는 창설식엔 백발을 휘날리며 반드시 참석하는, 그를 수행하면서 백선엽은 대통령이 국가의 초석을 다지기 위해 얼마나 노심초사하고 있는지를 늘 피부로 느낄 수 있었다.

이승만 대통령과 그렇게 호흡을 맞추면서 많은 시간을 보냈었다. 대한민국의 기틀을 다지는 일에 함께 나섰던 대통령이자, 인생의 큰 선배였던 그가 이제 이 땅을 홀연히 떠났다.

그와 함께했던 지난 시간들이 주마등처럼 백선엽의 뇌리를 스

치고 있었다. 그가 물러난다면, 언젠가는 나도 군을 떠나게 될 것이라는 생각을 백선엽은 평소에 하고 있었다.

이때에 4.19와 함께 허정(許政) 내각이 들어섰다. 5월 2일에는 내각 개편으로 김정렬 국방장관 후임에 이종찬 육군대학 총장이 취임했다. 그로부터 얼마 후, 이종찬 국방부장관이 국방부로 백선엽을 호출했다.

이종찬 장군은 경남 창원 출생으로 일본 육사를 나왔다. 그리고 그는 1952년 5월 이승만 대통령 직선제 개헌을 관철시키기 위해 경상남도와 전라남도에 계엄령을 선포하면서 대통령이 지시한 군 파병을 거부해, 이승만으로부터 육군참모총장직에서 해임을 당한 장본인이었다.

"각하! 정치판에 군인을 동원할 수 없습니다. 군인은 정치에 엄정 중립해야 합니다."

그는 참으로 원칙을 중시하는 강인한 무골 장군이었다. 그리고 그는 평소 '군의 정치적 중립'을 누구보다 강조했던 장군이었다. 진해 육군대학총장 재직 시, 이승만 대통령이 진해 대통령 별장에 내려와서 연말 크리스마스 파티할 때도 대통령의 초청을 거부했던 강골 장군이었다.

바로 이 무골 장군이 1960년 4.19혁명이 일어나고 허정(許政) 과도내각이 들어서면서 국방부장관이 된 것이다. 그리고 그는 자유당 3.15부정선거에 동조한 군 장성들을 일제히 숙청하는 작업을 벌일 때인 만큼, 몹시 예민한 시기에 백선엽을 국방부로 호출한 것이다. 백선엽이 국방부장관 집무실에 들어섰다. 이종찬 장군은 백선엽의 바로 직전 육군참모총장이기도 했다.

“어서 오시오. 백 장군!”

방에 들어오는 백 장군을 쳐다보면서 그는 자리에 앉으라는 말도 하지 않았다. 그리고 그는 자리에 선 채로 퉁명스럽게 말하고 있었다.

“장군! 이제 다 때가 되지 않았소? 나도 옷을 벗었지만…, 백 장군도 이쯤에서 군복을 벗는 것이 좋을 것 같소! 난 회의가 있어서, 조심해서 가시오!”

이종찬 장관은 찬바람을 일으키며 집무실을 빠른 걸음으로 나가 버렸다. 장관의 태도는 가혹하리만큼 냉정했다. 어떻게 이럴 수가… 백선엽은 그 자리에 선 채로 뒤돌아섰다. 이렇게까지 안 해도 될 텐데, 저 양반 해도 너무한다는 푸념을 하며 백선엽은 자신의 집무실로 휭 하니 돌아왔다.

이승만 대통령의 하야를 지켜보면서 백선엽도 ‘나도 내 거취를 분명하게 해야 하겠다.’는 생각을 하고 있었는데, 이렇게 뒤통수를 직접 얻어맞다니… 참 어이가 없었다. 백선엽은 결심했다. 이제 정든 군복(軍服)을 벗겠다고, 그리고 미련 없이 군을 떠나겠다고. 이제 내 나이 겨우 40세인데, 한참 더 일할 나이인데도, 나는 군을 떠나야만 했다. 때가 되었다. 이것이 세상의 법도고 이치가 아니겠는가.

지금 내가 처해 있는 때가 나를 받지 않는다면, 미련 없이 군을 떠나는 게 도리다. 정부가 바뀌면서 새로 올라온 사람들의 눈에 백선엽이 이제 군문을 떠나야 할 때라고 비친 것이라면, 백선엽은 미련 없이 기꺼이 군을 떠나는 게 맞다.

이렇게 생각하니 백선엽의 마음도 훨씬 편안해졌다. 전쟁의 거센 불길은 그에 맞설 수 있는 강한 야전의 기질의 지휘관을 필요로 했지만, 이제는 그런 때가 아니었다. 혁명으로 정권이 바뀌었고 그에 따라 사람도 모두 바뀌었다. 이승만 대통령을 보필해 참혹한 전쟁을 치러냈지만, 이제 그 대통령이 불명예를 안고 쫓겨 난 마당이었다.

백선엽은 요즘 와서 끊기로 작정했던 서랍 속 담배를 한 개비 꺼내 담배에 불을 붙였다. 그리고 한 모금 힘껏 빨아들인 후, 천천히 유리창에 힘껏 뿜어내고 있었다. 담배 연기에 맑은 창문이 금세 구름창으로 얼룩져 봄 화단이 눈에 희미하게 보였다.

백선엽은 가슴이 답답해 창문을 활짝 열어젖혔다. 시원한 바람이 목구멍과 콧구멍에 가득해졌다. 금세 답답했던 가슴이 시원해졌다. 백선엽은 지난날을 잠시 돌이켜보고 있었다. 아주 파란이

거셌던 군 생활이었다.

3년 동안의 전쟁을 치렀고, 참혹함 속에서 버티며 일어서려고 안간힘을 썼던 세월이었다. 내 지휘를 받으면서 강렬한 포화 속으로 사라져 간 수많은 부하 장병들의 희생이 우선 머리에 떠올랐다. 전쟁통에 이 땅에 올라와 어깨를 함께 하면서 적을 맞았던 미군의 기라성 같았던 지휘관들, 그리고 유엔 참전국 장병들의 모습도 아련히 떠올랐다.

그들의 땀과 희생, 봉사 정신으로 대한민국은 공산군의 침략을 이겨냈고, 그 군대는 어느덧 60만 대군으로 크게 성장했다. 백선엽의 눈에서 소리 없는 뜨거운 눈물이 볼을 타고 흘러내리고 있었다. 이 눈물은 어떤 의미의 눈물인가. 지금 백선엽은 갑자기 엄습해 오는 엄청난 감정에서 자신을 겨우 억제하고 있었다.

돌이켜보면 백선엽이 한국군 최초의 별 넷 대장으로 승진한 지난 7년을 회고하고 있었다. 이제는 후진을 위해서도 이 자리를 기쁜 마음으로 비워줘야 하는 게 마땅하다는 생각을 거듭하고 있었다. 백선엽은 드디어 전역을 했다.

1960년 5월 31일 서울 용산 삼각지 육군본부 연병장에서 14년의 군 생활을 마감하고 전역식에 참석했다. 아주 단출한 전역식장이었다. 아무에게도 연락하지 않았다. 아이들도 부르지 않았다. 아주 단출한 사람, 어머니와 아내 그리고 누이뿐이었다.

전역식은 정말 간단히 끝났다. 백선엽은 파란만장했던 지난날의 일들이 주마등처럼 떠오르면서 깊은 회한에 잠기고 있었다. 백선엽은 6·25전쟁에서 약관 30세에 장군이 되고, 최후 낙동강 방어선 '다부동 전투'에서 승리를 함으로써 절체절명의 순간에 대한민국을 적화(赤化)에서 구해낸 영웅이 되었다. 어찌 이뿐이겠는가. 육군참모총장을 2번씩 하면서 한국군 전력 증강 사업을 성공시켰고, 가장 중요한 한미동맹을 이끌어 낸 그의 업적은 이루 다 말할 수 없었다.

그러나 세월이 많이 흘렀고 이제 정권도 바뀌었다. 요직에 새로운 사람들로 채워지고 있었다. 이제 옛사람들은 서서히 교체되고 있었다. 백선엽도 그중 한 사람으로 말없이 쓸쓸히 퇴장하는 신세가 된 것이다.

이제 백선엽의 단출한 가족들만이 덩그러니 남았다. 전역식이 끝나자 모두 함께 신당동 집으로 돌아왔다. 적산가옥으로 겨우 마련한 몇 평 안 되는 집이 처음으로 백선엽의 눈에 들어왔다. 새벽에 별을 보고 출근하고, 밤에 초승달을 보며 퇴근해서 어느 곳에 무슨 물건이 놓여 있는지조차 통 알 수 없었던 지난날이었지만, 이제는 하나씩, 둘씩 제대로 보이기 시작했다.

백선엽은 별로 넓지 않은 마당 정원에 서서 저 멀리 도로 위를 힘차게 달리고 있는 트럭 행렬을 바라보고 있었다. 어느새 어머니가 조용히 다가와 이러고 있는 아들을 쳐다보며 조용히 말했다. 지금까지 떠들썩 요란을 떨던 누이는 어느새 자기 집으로 갔는지, 집안에는 어머니와 아내만이 보이고 있었다.

"백 장군!"

어머니 방효열은 나직이 아들을 불렀다. 어머니는 언젠가부터 아들을 '백 장군!'이라고 부르기 시작했다.

"네, 어머니. 말씀하세요."

아들은 돌아서서 어머니를 사랑의 눈빛으로 바라보고 있었다. 올해 어머니는 67세가 되어 어느덧 칠순이 다 되고 있었다. 이제야 어머니를 자세히 보니, 반백이시던 머리카락이 이제는 완백이 되어 얼굴도 수척하고 무척 늙어 보였다. 백선엽의 가슴이 저려왔다.

"어머니 죄송해요."

"뭐가?"

"어머니 머리카락이 …."

"뭐가 어때서?"

어머니 방효열은 아무렇지 않다는 듯 아들을 올려다본다.

"이제부터 어머니께 신경 좀 쓸게요."

"아니다. 그 이상 어떻게 신경을 더 써?"

어느새 아내도 정원으로 나와 두 모자간에 하는 대화를 듣고 잔잔한 미소를 보내고 있었다. 아들이 정색하며 어머니한테 말했다.

"어머니, 좀 전에 제게 무슨 말씀을 하시려고 했잖아요?"

"응, 별거 아니야. '오늘 군복을 벗어서 많이 서운하겠구나!'를 물어보고 싶었다."

"아니요. 시국이 이렇다 보니, 저는 오히려 홀가분하고 시원합니다. 어머니."

"정말 그러냐?"

"네, 어머니."

"그러면 됐다. 대과 없이 대임을 마친 것은 모두 하나님 은혜다. 저녁에 감사 기도드려라."

그러면서 어머니는 저 멀리 하늘을 쳐다보고 있었다.

"네, 어머니 그렇게 할게요."

아들은 어머니 등 뒤로 돌아가 야윈 어머니를 꼭 안아주면서 이렇게 말하고 있었다.

"어머니! 내 어머니, 건강하게 오래오래 사세요."

윈쪽부터 백인엽 장군, 백선엽 장군, 어머니 방효열, 프린체스카, 이승만 대통령, 초
대문교부 장관, 안호상 박사 - 모친 방효열 환갑에 이승만 대통령 경무대에 초대.

1987년 성탄절에 영락교회 당회원들과 함께.
좌로부터 4 백선엽 집사, 5 오제도 장로, 6 오창학 목사, 8 이창로 장로.

코레아 우라

제국주의(帝國主義)
심장을 쏘다

탕! 탕! 탕! 탕! 네 발의 총성(銃聲)과 또 연이어 세 발의 총성이 10월의 하얼빈역 하늘을 무섭게 찢었다.

구름 한 점 없는 푸른 하늘 대낮이 뇌성벽력처럼 폭발하며 진동하였다. 러시아 장교단을 사열하고 환영 군중 쪽으로 발길을 옮기는 순간에 벌어진, 첫 네 발의 총탄에 의장대 사열 러시아 군인들과 경호 경찰관, 그리고 운집한 환영 인파가 세찬 파도에 넘어지는 벽채처럼 부서지며 행사장은 삽시간에 아수라장이 되고 말았다.

흩어진 대열 속에 흰수염을 한, 민족의 원흉 일본 총리 '이토 히로부미'가 겁에 질린, 흰 눈자위를 껌벅거리며 길바닥에 썩은 나무처럼 푹 쓰러졌다.

왼쪽 손으로 오른쪽 갈비뼈를 움켜쥐고 한쪽으로 누워있는데

손가락 사이로 붉은 선지피가 수돗물처럼 콸콸 치솟고 있었다.

제국주의 심장을 향해 방아쇠를 힘껏 당겼던 청년은 아직도 처음 저격 자세를 고치지 않고 한동안 그 자리에 석고상처럼 그냥 서 있었다.

혼비백산, 가까스로 정신을 차린, 러시아 경비 경관들이 일제히 청년에게 달려들었다. 청년은 힘차게 그들을 뿌리치며 큰소리로 외치기 시작했다.

"코레아 우라! 코레아 우라!…"라고. 이 말은 대한독립 만세라는 러시아 말이다.

대한독립 만세! 대한독립 만세!

거사(擧事)는 성공이다! 정확하게 명중시켰어! 장하다. 정말 장하다. 토마스 안중근!

난리 난 궁중 속 저만치에서 두 주먹을 불끈 쥔 최재형(崔在亨)의 상기된 모습이 또렷이 보였다. 그는 곧 어디론가 몸을 숨기면서 현장을 벗어났다.

연해주 최고 갑부인 최재형(崔在亨)은 오늘도 조국의 광복을 위해 동분서주하다가 잠시 짬을 내, 연해주 블라디보스토크, 신한촌(新韓村) 본부 카페에서 지금 누군가를 초조히 기다리고 있었다.

9월의 오후, 가을 하늘에는 구름 한 점 없이 햇살이 몹시 따갑다. 최재형이 만든 신한촌은 일제 강점기 연해주 독립투사들의 집결지이자 국외 독립운동의 중추 기지였다.

이때 이 연해주 독립운동에는 대한민국 임시정부 국무총리를 지낸 이동휘 선생을 비롯해 단재 신채호, 이상설, 최재형, 홍범도, 안중근 등 기라성 같은 애국지사들이 대거 모여들었다.

이때 이곳에서 최재형은 큰 부자로 조국 광복에 대한 독립투사들을 물심양면으로 도우며 뒷바라지를 하고 있었다. 이뿐만 아니다. '교육만이 민족이 살길이다'에 뜻을 두고 이곳 연해주에 소학교를 여러 곳에 세워 수많은 고려 한인 자녀들을 문화의 도시 '샹트페테르부르크'에 유학을 보내는 등, 어린 학생들 한인교육에 많은 열의를 보이고 있었다.

러일 전쟁에서 승리에 취한 일제가 을사늑약(乙巳勒約)으로 조선을 침범하자 최재형은 더 이상 참지 못하고 남부 연해주에서 의병부대를 조직, 무장투쟁으로 맞서는 데 앞장서기도 했다.

그야말로 최재형은 자신의 전 재산을 독립운동에 바친, 그리고 직접 행동에 옮긴, 이 시대 노블레스 오블리주의 가장 모범을 보인 독립투사였다.

숙명적인 두 사나이의 만남

최재형은 벽에 걸린 시계를 힐긋 쳐다보며 시선을 신한촌 입구 쪽으로 보내고 있었다. 기다리는 마음속에 슬며시 긴장과 기대가 젖어 왔다. 어쩌면 큰일을 할 수 있는 인물일 거라는 일종의 기대감 같은 예감이 슬며시 엄습해 왔다.

왜냐면 이 청년을 자기에게 소개한 사람이 다른 사람 아닌, 평소 자신이 가장 신뢰하는, 그리고 존경하는 이상설(李相卨) 선생이기 때문이다.

이런저런 생각에 잠겨 있는데 약속 시간에 꼭 맞춰, 입구 쪽으로 단단하게 다부져 보이는 젊은 청년이 폼새 있게 들어오고 있었다.

눈은 큼직해 서글서글해 보였지만, 눈에서는 광채가 빛났다. 걸음걸이에는 힘이 있어 보였고 어딘가 모를 의연함이 있어, 언

136

뜻 보아도 호감이 듬뿍 가는 젊은이로 보였다.

"어서 오게나. 기다리고 있었네."

최재형은 자리에서 일어나 잔잔한 미소를 지으며 아들뻘 되는 젊은 손님을 반갑게 맞이했다.

"선생님! 처음 뵙겠습니다. 안중근(安重根)이라 합니다. 선생님의 명성은 지금까지 잘 들어 알고 있습니다."

청년은 머리를 공손히 숙여 인사를 했다.

"안중근이라…. 자네 소문은 잘 듣고 있었네. 좀처럼 사람 소개 잘 안 하는 이 선생이 자네를 침이 마르게 칭찬하며 소개할 때는, 내 다 알아봤지…."

여기서 말하는 이 선생은 이상설 선생을 말한다.

최재형은 지극히 짧은 시간에 벌써 청년 안중근을 호감으로

신뢰하게 되었다.

최재형은 양복 안주머니에서 담뱃갑을 꺼내 한 가지를 빼어 입에 물었다. 요즘 웬만하면 담배를 피우지 않는 최재형이지만, 좀 긴장만 하면 입에 담배를 습관적으로 무는 버릇이 오늘도 예외는 아닌 것 같았다.

길게 빨아 하늘 높이 담배 연기를 힘차게 내뿜으며 최재형은 청년을 똑바로 응시하며 말했다.

"토마스! 말해 보게. 그 거사(擧事)란 게 무엇인가?"

최재형은 이상설에게서 들은 얘기를 떠올리며 조용히 물었다. 청년은 잠시 숨을 고르더니 힘 있게, 그러면서 조용히 말했다.

"선생님! 그자를 척살(刺殺)해야 우리 조선이 살겠습니다. 선생

138

님은 정보가 빠르고 능력이 있으시니 저를 도울 수 있습니다. 저를 도와주십시오! 지금 선생님의 도움이 필요합니다."

최페치카는 카페 창밖 하늘을 한참 동안 응시하더니 다시 청년 토마스를 똑바로 쳐다보며 다짐하듯 물었다. 최페치카는 그당시 한인 동포들을 따뜻하게 잘 돌봐 준다고 해서 한인들이 최재형에게 붙여준 애칭이다. 토마스는 천주교 신자인 안중근의 세례명이다.

"그래, 그 거사 정말 자신 있나?"

최재형은 단도직입으로 결과부터 물었다.

"선생님만 도와주시면 충분히 가능하다고 봅니다."

토마스는 힘 있게 말했다.

"구체적으로 말해 보게. 내가 어떻게 무엇을 도우면 되겠나?"

청년 토마스는 조금도 주저하지 않고 또박 또박 말하기 시작했다.

"세 가지만 도와주시면 됩니다."

"어서 말해 보게!"

이젠 최페치카가 더 궁금하다는 듯 성급히 재촉한다.

"첫째는 그자가 하얼빈에 온다는 첩보가 있는데, 언제 오는지 그에 대한 정확한 정보가 필요합니다."

"그자가 하얼빈에 온다는 말은 어디서 들었는가?"

"선생님이 운영하시는 대동공보(大東共報) 신문기사를 보고 알았습니다."

그 당시 최재형은 재정난으로 폐쇄 직전의 신문사 '대동공보'를 인수해서 민족의 혼을 일깨우고 있었다.

"둘째는 무언가?"

최재형은 무섭게 재촉한다.

"둘째는 하얼빈까지 안전하게 가야 하는데, 선생님이 운영하시는 '대동공보' 기자 신분증으로 저를 무사히 그곳까지 갈 수 있도록 도와주시는 일입니다."

"나머지 셋째는?"

최페치카는 토마스가 이토록 철저히, 세심한 계획을 갖고 올

줄은 정말 몰랐다.

최재형은 지금 자신의 심장이 엄청 뜨겁게 뛰며 자신이 새롭게 이 일에 도전(挑戰)하고 싶다는 새로운 욕망이 불현듯 치솟고 있는 것을 꾹 참고 있는 것이다.

왜 내가 지금껏 그 생각을 못 했을까… 바보처럼.

"나머지 셋째는 권총입니다. 제 실력으로 권총을 구할 수 없네요."

세 번째 말 끝내기가 무섭게 최페치카는 앉은 자리에서 벌떡 일어나더니 더 이상 못 참겠다는 듯 토마스를 와락 끌어안았다.

얼마나 세차게 끌어안았는지 안중근 오른쪽 양복 어깨 소매가 찢어 나갔다.

"알았어! 정말 장하다. 우리 늙은이들이 할 수 없는 일을, 젊은 자네들이 대신 이렇게 하겠다니, 내가 오늘 크게 위로를 받는 구나! 도와주고 말고…. 자네는 꼭 성공할 거야. 내가 힘이 되어 주겠네.”

역시 최재형은 뱃심이 두둑한 연해주 독립의 대부였다. 최재형은 기꺼이 토마스의 부탁을 들어줄 것을 그 자리에서 굳게 약속해 줬다.

“선생님! 정말 고맙습니다.”

토마스는 연신 허리를 굽혀 ‘고맙습니다’라는 말을 여러 번 하면서, 최재형의 두 손을 힘껏 잡고 있었다. 이국 만리타향에서 지금까지 외롭게 대한독립을 위해 고군분투해 왔지만, 오늘처럼 백만 대군을 얻은 기분은 처음이다. 안중근은 감격과 감동으로 눈에서는 뜨거운 눈물이 흐르고 있었다.

잠자는 민족(民族)의
혼(魂)을 일깨우다

한국 독립의 주권을 침탈한 원흉이며 동양평화의 교란자인 '이토'는 현장에서 바로 죽었다.

과다 출혈로 이십여 분 후에 숨을 거두었다. 대한독립의 아들 안중근에 의해 척살된 것이다. 이 사건은 곧 외신을 통해 전 세계에 전파되었다. 대한제국은 자진해서 일본 속국을 원하는 나라가 아님을 만천하에 알린 쾌거였다.

또 이 사건은 잠자는 민족의 혼(魂)을 일깨운 일대 사변이었다. 이 사건은 여기서 끝나지 않았다. 토마스 안중근이 죽기 전까지 법정에서 보여 준 그의 애국 투혼과 대한 남아의 기개를 전 세계에 유감없이 보여줬다.

그는 또 법정에서 또박또박 너무나 당당하게 말했다.

"이토는 한국의 독립주권을 침탈한 원흉이며 동양평화의 교란

자이므로 개인 자격이 아닌, 대한 의용군 사령관으로서 나는 그를 총살하였다.”

이러한 안중근의 모습은 그 당시 움츠리며 기가 죽어 있었던 이 민족에게 국권회복의 의지와 용기를 한껏 고취하였다.

얼마 후, 여순 관동도독부(關東都督府) 지방법원에서 안중근의 재판이 열렸다. 일본인 검찰관 ‘미조부치’는 그의 특유의 콧수염을 쓸어 올리며 오늘도 날카롭게 피고 안중근을 심문했다.

“왜 이토를 죽였소?”

그러자 안중근이 기다렸다는 듯 급히 되물었다.

“그 전에 내가 먼저 알고 싶은 게 있소. 이토는 틀림없이 죽었소?”

안중근은 미조부치를 응시하면서 힘 있는 음성으로 물었다.

"틀림없이 죽었소. 이제는 내 질문에 대답하시오. 왜 이토를 죽였소?"

미조부치는 계속 집요하게 밀어붙였다. 안중근은 법정에서 숨 죽이고 있는 방청객들과 내외신 기자들을 여유 있게 주욱 훑어 본 후, 천천히 입을 열었다.

"내가 이토를 죽인 것은 이토가 열다섯 가지 죄를 지었기 때문이오."

"그게 뭐요? 어서 말해 보시오!"

거의 신경질적인 일본 검찰관 미조부치의 오른쪽 눈자위가 오늘도 몹시 씰룩거리고 있었다.

"첫째는 그자가 대한제국의 명성 황후를 죽인 죄요. 둘째는 고종 황제를 강제로 물러나게 한 죄요… 넷째는 죄 없는 대한제국인을 무수히 죽인 죄요. 다섯째는 대한제국의 정권을 강제로 빼앗아 통감정치 체제로 바꾼 죄이고…. 열네 번째는 대륙을 침략하여 동양의 평화를 깨뜨린 죄이며 열다섯 번째 죄는 일본 천황의 아버지를 죽인 죄요. 그러니 내가 어찌 그자를 죽이지 않을 수 있겠소?”

안중근은 큰소리로 목청을 세워 당당하게 ‘이토’를 죽인 이유를 조목조목 말했다. 법정 이곳저곳에서 숨죽이며 듣고 있던 동지들과 내외신 기자들과 방청객들의 움직임이 몹시 술렁거리고 있었다.

이렇게 시작된 일본 검찰관의 심문은 이듬해 1월 26일까지 모두 열한 번씩이나 반복되었다.

오늘도 재판이 열렸다. 일본 검찰관 미조부치는 콧수염을 쓸어올리며 오늘도 반복해서 똑같은 질문을 했다.

“왜 이토를 죽였소?”

안중근은 법정 천장을 한동안 응시하더니 침착하게 다시 대답했다. 그러면서 어머니 ‘조마리아’가 손수 지어 보내 준 한복 동정을 만지작거리며 순간 어머니의 얼굴을 떠올렸다.

얼마 전 어머니는 동생을 통해 한 통의 편지를 보내 왔다.

네가 항소를 한다면 그것은 일제에게 목숨을 구걸(求乞)하는 것이다. 네가 나라를 위해 이른즉 다른 마음을 먹지 말고 죽으라! 옳은 일을 하고 받는

형(刑)이니 비겁하게 삶을 구하지 말고 대의(大義)에 죽는 것이 어미에 대한 효도다.

지금 토마스는 어머니의 당부가 다시 떠오르며 장부의 가슴을 또 아프게 파고들었다. 검찰관이 다시 물었다.

"왜 이토를 죽였소?"

안중근은 몸가짐을 고쳐 앉으며 단호한 음성으로 말하기 시작했다.

"내가 이토를 죽인 것은 나 한 사람의 원한 때문이 아니오. 대한제국의 독립과 나아가서 동양의 평화를 위한 사명이 있기 때문이었소.

내가 이토를 죽인 것은 한국 독립 전쟁의 한 부분이오. 또 내가 일본 법정에 서게 된 것도 전쟁에 패배하여 포로가 되었기 때문이오. 그러니 나를 만국 공법을 근거로 처리해 주시오!

나는 전쟁 포로일 뿐이지, 범죄자가 아님을 명심해 주시오!"

안중근의 우렁찬 항의 요구가 법정을 마구 흔들었다. 법정은 이내 숙연해졌다. 자리 뒤쪽 방청석 어느 곳에 주먹을 불끈 쥔 최재형의 상기된 모습도 보였다. 그로부터 얼마 후, 안중근의 마지막 공판이 이곳에서 열렸다.

'피고 안중근을 사형에 처한다!'

내려치는 판사의 방망이 소리가 차갑게 법정을 흔들었다. 2월의 추운 날씨, 창밖에는 오늘도 흰 눈이 하염없이 내리고 있었다.

사형선고 한 달 반 만에 관동도독부는 안중근을 교수형에 처했다. '대한독립 만세! 코레아 우라!' 안중근의 마지막 이 외침은 온 한민족의 가슴에 뜨거운 애국정신을 고취했다. 이때 안중근의 나이 서른두 살이었다.

영원한 이별과
이승에서의 마지막 약속

여기는 여순 감옥 특별 면회실. 안중근과 최재형이 마주 앉았다. 안중근은 모친 조마리아가 직접 지어서 보내준 두툼한 수의복(囚衣服)을 단정히 입고 있었다.

사형집행 일주일 전인데도 안중근의 표정은 사뭇 편안해 보였다. 벌써 봄인가. 창밖 너머 담장 위에 노란 개나리꽃이 화사하게 피어 있었다. 그의 얼굴에는 잔잔한 평화가 있었다.

그러나 안중근의 손을 꼭 붙잡고 있는 최재형의 눈에서는 굵은 물방울이 뚝뚝 떨어져 안중근의 수의 무릎을 흠뻑 적시고 있었다.

"선생님! 이제 그만 우세요. 결국 뜻을 다 이루었는데 왜 그러세요? 그동안 선생님! 너무 고마웠어요. 제가 성공한 것은 모두 선생님의 덕분입니다."

잡힌 손에 힘을 전해 주며 안중근은 최재형에게 감사를 드렸다.

눈물만 짓고 있던 최재형이 무거운 입을 열었다.

"토마스! 정말 미안하다. 내가 너를 꼭 살리려고 했는데…."

최재형은 안중근의 죽음만은 막으려고 거금(巨金)으로 러시아 일급 변호사를 미리 선임하는 등 특별 로비까지 해 두었었다. 그러나 러시아가 일본의 힘에 밀려 결국 토마스는 여순 감옥으로 강제 이송되므로 해서, 모든 계획이 수포로 돌아간 것을 최재형은 지금도 몹시 안타까워했다.

'꼭 살리려고 했는데…. 정말 아까운 재목을….'

면회 시간의 종료를 알리는 간수의 뒤통수를 응시하며 최재형

은 중대 결심할 때 늘 하는 버릇인 자신의 커다란 말코를 주물럭 만지며 나직이 말했다.

"토마스! 아무것도 염려하지 마! 앞으로 내가 얼마나 더 살지는 모르나, 내가 사는 동안은 약속하마. 어머니와 세 동생, 그리고 가족들, 모두 내가 돌봐 주겠네.

조금도 걱정하지 말고 편히 가게나. 내가 아무렴, 십 년 정도는 더 살지 않겠나?"

간수의 시간 독촉을 받으며 두 사내는 깊은 포옹을 길게 하고 있었다. 이승에서의 영원한 이별을 두 사내는 뜨겁게 나누고 있었다.

그 후, 세월은 참 빨랐다. 최재형은 그의 말대로 꼭 십 년을

더 살다 갔다. 그날 안중근과 한 약속을 그는 남아답게 잘 지켜
주다가 갔다.

역시 최재형은 연해주 독립의 멋진 대부였다. 그러나 최재형은
그 당시 활발하게 움직이던 '대한 국민의회'와 함께 연해주 독립
군을 총 규합하여 시가전을 벌이다가 일본군의 총탄에 애석하게
순국하였다.

이때 최재형의 나이는 61세였다. 말하자면 안중근 뒤에는 독
립군의 대부 최재형이 있었다는 이 아름다운 이야기가 오늘을
살아가는 우리 모두의 마음을 울리고 있다.

*註: 『코레아 우라』는 역사적 팩트를 소설 형식으로 썼음을 알립니다.

아버지를 말한다

아버지는 풍금을 치고,
어린 막내딸은 찬송가를 부르다

춘원의 진심은 먼 훗날 역사가 심판한다고 했다

해방 후, 반민특위에서 재판을 받고 서대문 형무소에서 풀려난, 춘원은 운악산 봉선사에서 그의 6촌 운허 스님에게 이렇게 말했던 것을 우리는 기억한다.

"나의 친일 행위에 대한 진심은 먼 훗날 역사가 제대로 심판할 것이다"라고.

그러나 한 세기가 지난 오늘날 이 나라 역사는 과연 그의 진심을 제대로 심판해 주고 있는 것일까.

춘원은 어떤 산보다 깊고 커서 그가 친일 변절해서 민족에게 준 상처는 너무나 컸다. 그래서 그 상처가 아무는 데 100년이 걸려도 그 상처는 제대로 아물지 못하고 있다.

역사는 춘원을 용서하려는데 사람들은 선뜻 동의하지 않는다. 이런 흐름으로 본다면 아마도 200년, 또는 300년이 되어도 사람들은 춘원을 진정 용서하지 않을 것 같다.

그러나 역사는 역시, 역사일 뿐이다. 역사는 국민의 화합이 만들어 가는 진실이며 국민 전체의 의견이지만….

역사는 어느 정권이든 그 정권의 정치이념을 초월해서 정의와 진실에 도달해야 진정한 역사가 되는 것이다. 그러므로 역사는 진리이며 진리는 정의로워야 하므로 어느 정권의 어느 단체에서 주장하는 것이 되든, 그 당시 특정한 주류가 된다면 그것은 진정한 역사의 심판이 되지 못하는 것이다. 지금 이 땅에는 많은 문학상이 있다. 이를테면, 동인문학상(김동인), 미당문학상(서정주), 팔봉문학상(김기진) 등, 일제 때 친일 전력이 있는 사람들의 문학상이 수도 없이 많다. 근데 이것들은 도대체 어떻게 존재하고 있는가?

춘원의 친일 변절은 나름대로 그럴만한 사유가 있다고 했다.

그 당시 춘원 자신이 나서지 않으면 안 되겠다는 과대망상적 자아의식의 분출로 이뤄진, 어떻게 보면 나름대로의 애국심 발로였다고 변명처럼 주장하는 사람도 많다.

물론 그가 저지른 악랄한 친일은 문제가 되고도 남는다. 쉽게 면죄부를 줄 수도 없다. 그러나 춘원의 전반기적 독립운동의 공은 인정되어야 한다는 의견도 있는 것은 사실이다.

그가 기초한 2·8독립선언문은 역사적인 3·1독립운동의 단초가 된 것도 우리는 알고 있다. 또 상해 임시정부에서 독립신문을 발간하고, 도산 안창호 선생과 함께 일으켰던 '수양동우회' 사건은 우리 독립운동사에 빛나는 한 페이지를 차지하고 있는 것도 우리는 잘 알고 있다.

해방 후 춘원은 그의 친일 행위에 대한 반민특위 처벌로 서대문 형무소에서 이미 옥고를 치른 사실도 우리는 알고 있다.

지난날 자신의 잘못을 반추하며 남양주 '사릉'의 집에 칩거하면서 성경에 나오는 야곱의 돌베개를 베고 자면서 많은 반성의 시간을 가지고 살았던 것도 우리는 알고 있다.

이때 어린 딸, 정화가 아빠한테 궁금해서 물었다.

"아빠는 왜 푹신한 좋은 베개를 놔두고 밤마다 딱딱하고 차가운 돌베개를 베고 자느냐?"라고 물었을 때, 춘원은 딸에게 이렇게 대답했다 한다.

"아빠가 잘못한 일 많아, 회개하고 용서받으려고 이런단다."

"그럼 다 용서해준대?"

"글쎄다. 나도 잘 모른단다."

그때의 두 부녀의 대화를 보면, 우리는 춘원의 고뇌와 그 순수한 반성의 심성을 어느 정도 읽을 수 있을 것 같다.

운악산 봉선사에서 운허에게 춘원은 그의 친일 변절에 대한 '숨겨진 비밀과 진실' 편에서 이미 상세히 고백한 내용들을 우리

는 잘 알고 있다. 그리고 춘원은 북에 끌려가서도 북한식 저술을 숱하게 강요받았지만, 그때마다 그는 끝까지 모든 저술을 거부하며 자신의 지조를 마지막까지 굳게 지켰다는 친북매체의 소식도 우리는 전해 듣고 있다.

남양주 '사릉'에서 은둔, 반성하며 조용히 살 때, 아버지 춘원은 풍금을 치고, 열 살짜리 막내딸 정화는 아버지의 십팔 번인, 찬송가 338장 「내주를 가까이 하게 함은」을 소리 높여 부를 때, 춘원의 양쪽 볼에서는 언제나 회한의 눈물이 흐르고 있었던 것을 딸은 지금도 잊을 수 없다고 했다.

'춘원연구학회' 회장 송현호 교수(아주대)도 이렇게 말하고 있다. "춘원의 문학유산을 친일이라는 이름으로 폄하하는 것은 온

당치 않다. 문학연구에 정치적 논리나 진영 논리가 개입하면 객관적 연구가 진척될 수 없다"라고 힘주어 말하고 있듯이, 과거에만, 너무 집착해서 발전적인 미래를 전혀 보지 않으려는 편협된 사고는 오늘을 사는 우리에게는 별로 도움이 되지 않는다.

친일행위와 문학성은 별개의 것으로, 독립적으로 평가되어야 하며 친일 행위 전에 쓰인 작품들마저도 매도된다는 것은 시대적으로 너무나 편협하다는 의견도 만만치 않다.

이들의 뛰어난 문학적 성과가 언제까지나 무시당하고 박해를 받아야 하는가 하는 것은 큰 문제점으로 봐야 한다.

남양주 '사랑'에서 춘원 아버지와 어린 시절, 몇 해를 함께 살았던 막내딸 정화는 몇 년 전에 귀국해서 이런 말을 남기고 쓸쓸히 미국으로 돌아간 바 있다.

"아버지 춘원은 진심으로 친일로 조국을 배반할 위인이 절대 아닙니다…. 아버지는 누구보다 조국을 사랑하였고 우리 가족을 사랑했습니다…. 그리고 자신의 문학에 최고의 긍지를 가지고 자신의 작품을 너무나 사랑했습니다.

오늘도 아버지는 저 북녘땅 납북자 묘역에서 조국의 하늘을 바라보며 자신의 지난날을 반추하며 무한히 분출되는 자신의 작품 세계의 이야기들을 원고지에 옮기고 있으리라고 봅니다….

정화야! 앞으로 살아가면서 외롭고 괴로울 땐, 이 노래(찬송가 338장)를 크게 불러라! 하면서 나에게 성경책과 함께 내 등을 쓰다듬어 주시던 아버지의 인자한 모습이 오늘도 내 눈앞에 어른거리고 있어요!

정말 아버지가 그립네요.

먼 훗날 나는 미국에서 공부하면서 외롭고 괴로울 땐, 아버님의 당부대로 늘 이 찬송가를 불렀습니다.

아버지 춘원의 사랑을 생각하며 이 찬송가를 부르면 저절로 힘이 나고 용기가 생겼습니다. 나는 요즘도 아버지가 보고 싶으면 이 찬송가를 우리 아이들과 같이 힘차게 부른답니다."

"내 주를 가까이 하게 함은 십자가 짐 같은 고생이나

내 일생 소원은 늘 찬송하면서 주께 더 나가기 원합니다

내 고생하는 것 옛 야곱이 돌베개 베고 잠 같습니다
꿈에도 소원이 늘 찬송하면서 주께 더 나가기 원합니다

천성에 가는 길 험하여도 생명길 되나니 은혜로다
천사 날 부르니 늘 찬송하며 주께 더 나가기 원합니다

야곱이 잠 깨어 일어난 후 돌단을 쌓은 것 본받아서
숨질 때 되도록 늘 찬송하면서 주께 더 나가기 원합니다. 아멘"

세월이 훌쩍 가서 이젠 팔순이 더 된 춘원의 막내딸, 이정화 박사의 목소리가 오늘은 더 가늘게 떨리고 있었다.

"저는 언젠가는 이 나라 역사가 그 당시 우리 아버지 춘원의 진심을 제대로 알아줄 날이 꼭 올 것이라는 믿음과 희망을 버리지 않고 있습니다."

이정화 박사는 조국 대한민국의 인천공항, 비행기 트랩에 힘차게 오르면서 오른손을 힘차게 흔들고 있었다.

아버지는 과연 매국노인가?

이정화 박사가 '춘원 연구학회' 참석을 겸해 미국서 잠깐 방문했을 때다.

숙소인 서울 시내 YMCA호텔에서 만났다. 여든 살의 노인인지 느낄 수 없을 정도로 곱고 세련됐다. 그는 한국말이 서툴다고 말했다. 전쟁통인 1952년 미국으로 떠났다고 한다.

다음 내용은 지난날 조선일보 어느 기자와 직접 만나서 인터뷰한 춘원 막내딸 이정화 박사와의 대담을 몇 가지만 요약해 본다.

6·25 때 가족이 이민을 떠난 겁니까?

부산에 피난을 내려와 이화여고를 다닌 뒤 언니와 함께 화물선을 타고 미국 유학을 떠났어요. 국방부에서 일하던 오빠는 휴전이 되고 나서 왔어요.

춘원을 '친일파 매국노'로 몰고 간 한국 사회에서는 도저히 살 수 없을 것 같아 떠난 건가요?

아니요. 우리는 애국심이 있어요. 공부를 마치고 돌아올 생각이었는데 거기서 자리를 잡게 된 거죠. 자식들이 모두 미국에 있으니 어머니(허영숙)도 1963년에 건너왔어요.

오빠는 한국에 거의 발길을 하지 않는다고 들었습니다.

여섯 살 위 오빠와 두 살 위 언니가 있어요. 두 분은 미국서 한국 쪽을 바라보고 있지만 별로 오지는 않았어요. 저 같은 건달이나 오지, 여기에 오면 밤낮 고개를 숙이고 죄인처럼 되는데(웃음) …. 이건 농담이에요. 오빠는 저를 보내 모든 심부름을 시켰어요.

6·25 당시 춘원이 납북될 때 가족이 곁에 있었나요?

6·25 당시 아버지 춘원이 잡혀갈 때 일입니다. 당시 아주 얌전한 어린 인민군이 내무서 직원과 함께 왔어요. 어머니가 인민군 앞에 큰절을 하며 잡아가지 말라고 빌었대요. 그러자 그 인민군이 '절하지 마세요. 봉건주의 사회에서 배운 나쁜 풍습이에요'라고 했대요.

이 장면을 아버지가 보고 빙그레 웃으며 '부인이 남편을 위해 그러는 것이니 나쁜 풍습이 아니다'라고 했답니다.

그게 생이별이 됐군요?

아버지는 집에 잠깐 돌아왔다가 다시 잡혀갔어요. 그것이 마지막 생이별이었어요. 그러면서 그때 우리 가족도 그 집에서 쫓겨났어요. 지금 서울 효자동의 '연정'이라는 한정식집이 우리 집이었어요.

당시 춘원은 왜 몸을 피하지 않았나요?

피신할 수도 있었는데, 어머니는 남편을 살려야 할까, 아들을 살려야 할까를 놓고 오락가락했어요. 아버님에게 도망가라 했다가 나중엔 가지 말라고 했어요.

무슨 뜻이지요?

그때 오빠가 인민군에 끌려갈 나이였어요. 집 지하실에 숨어 있었어요. 아버님이 도망가면 집을 뒤져 오빠를 찾아냈을지 몰라요. 엄마의 본능은 역시 아들이었어요.

어머니는 그런 선택에 대해 어떤 말씀을 했나요?

후회는 했지만 어쩔 수 없었겠지요. 나중에 아버님의 죽음을 확인하고서 미국서 장례식을 행했어요. 어머니는 당신의 생각이 너무 높아서 돌아가신 뒤에야 그 위대함을 알았다 했어요.

함께 살 때 잘 못해 줘서 미안하다. 하늘에서 만나면 착한 부인이 되겠다고 했어요. 생전에 아버님을 많이 구박했지요(웃음). 어머니의 현실적인 눈에는 아버님이 '위선자'로 비쳤을 테니까요.

남편인 춘원이 '위선자'로 비쳤다니….

아버님이 말하는 그런 고상한 사상은 인간으로는 가질 수 없다는 거죠. 어머니는 강한 성격이었고 가족을 위해서는 물불을 안 가렸지요. 자신이 운영하는 산후원(산부인과병원)에서 일을 잘못하고 말 안 듣는 의사나 간호사의 뺨을 때리기도 했어요. 소설의 주인공이 돼도 좋을 캐릭터지요. 어머니는 흥미로운 일생을 사셨어요.

집안에서 부부의 역학 관계는 어떠했습니까?

아버님이 꼼짝 못했어요(웃음). 아버님이 쓴 아내의 설교라는 시가 있어요. 화자(話者)를 어머니로 한 것이지요.

"당신은 악인 나도 악인/ 그렇지만 나는 스스로 악인이라고 인정하는데, 당신은 선인인 척해 남들로부터 존경 받는다/ 나는 손이 다 닳도록 당신을 위해 살았는데 당신은 날 위해 무얼 했소/ 그러니 나를 이해라도 해주는 남편이라도 돼 주소서."

말하자면 아내의 잔소리군요.

사실 아버님은 어머니에게 의지해 살았지요. 아버님이 신장과 허파를 하나씩 잘라내고 생사의 고비를 넘길 때마다 곁에서 어머니가 돌봐 주셨어요.

아버님의 작품 중 「사랑」은 침상에 누워 구술해서 썼다고 합니다. 춘원과 허영숙은 도쿄 유학 시절 만났다. 춘원에게는 이미 중매 결혼한 부인이 있었다. 춘원은 2.8독립선언을 주도한 뒤 상하이로 건너갔다. 거기서 임시정부의 기관지인 독립신문을 만들고 있었다. 그러자 허영숙이 중국까지 춘원을 찾아온 것이다.

어머니 집이 부자였어요. 집 안 금고를 뜯어 돈을 챙기고 '제 몫의 상속을 포기합니다'라는 쪽지를 남기고 나왔다고 해요. 여자 혼자서 열차를 타고 찾아간 겁니다. 어머니는 갖고 온 돈으로 상하이에서 산후원을 열고는 아버님과 살림을 할 생각이었지요.

상해 임정에서는 '허영숙이 조선총독부의 사주를 받고 이광수를 귀국시켜 타락시켰다'는 말이 퍼졌다고 하더군요.

어머니는 상하이의 호화로운 호텔에서 아버지와 하룻밤을 지냈대요. 이 소문이 나자 임시정부에서는 '일제 앞잡이 허영숙을 잡아라'는 체포령이 떨어졌어요. 도산 안창호 선생님은 아버님에게 허영숙을 보내고 자네는 미국으로 가라고 했어요.

그러자 어머니는 유서를 남기고 양자강에 몸을 던지려고 했대요. 나중에 하시는 말씀이 '물이 더러워서 못했다'는 거예요. 살고 싶은 마음이 생겨서 그랬겠지요(웃음).

허영숙이 춘원을 귀국시켰다는 비난은 과도한 면이 없지 않다. 그때 이미 춘원 자신이 흔들리고 있었으니까. 상해 임정에서 2년을 지냈지만, 자신이 기대했던 국내 상황의 변화가 없었기 때문이다. 1921년 춘원은 상해 임정 생활을 청산하고 귀국했다.

국내에 들어오지 않았다면 춘원은 친일파의 길로 가지 않았겠지요?
성삼문과 안중근 의사는 독야청청하신 분이고 아버님은 정이

많은 예술가였어요.

(적극 항일에서 현실 타협으로의 노선 변화를 보여준 춘원의 첫 번째 작품이 「민족개조론」이었다. 열등한 민족성으로는 당장 독립하는 것이 시기상조이니 민족성부터 개조해야 한다는 것이다.)

그 글이 발표된 뒤 청년들이 집으로 몰려와 '춘원 나와라!'고 외쳤대요. 한 청년은 칼을 들고 있었답니다.

어머니는 벌벌 떠는데 아버님은 뚜벅뚜벅 걸어 나가 청년들을 집 안으로 불러들였어요. 대화를 나눈 뒤 청년들이 얼마간 설득돼 그냥 돌아갔대요.

춘원이 적극적 친일로 갔을 때 어머니는 뭐라고 했나요?

수양동우회 사건에 41명이 연루됐어요. 자신은 친일 누명을 쓰더라도 이들의 유죄를 막겠다는 마음이었던 같아요.

어머니는 '당신 미쳤느냐, 이게 무슨 짓이냐'며 울었답니다. 아버님도 울면서 '나는 이 길을 가야겠다'고 했대요. 아버님은 일제에 계속 저항하면 한글이 폐지되고 민족도 말살된다고 봤어요. 과대망상이고 어리석은 생각이었지만….

춘원이 정말 그런 고귀한 뜻을 가지고 친일을 했다고 믿습니까?

아버님은 아기 같은 면, 영적인 면이 있었어요. '무차별 사랑' 같은 불교 사상에도 심취해 있었어요. 광복이 된 뒤에 '그게 어리석은 생각이었다.'고 고백 같은 것을 했어요. 하지만 본인이 이렇게 매도될 줄은 몰랐던 같아요. 아버님은 '자살을 못 한 나로서는 아무 할 일이 없다'고 했으니까요.

아버지와 함께한 시간 중에서 무엇이 가장 기억에 남습니까?

광복된 뒤 아버님이 '마음이 괴로울 때 읽어라'며 성경을 주셨어요. 표지 안쪽에다 붓글씨로 자안시중생(慈眼視重生: 모든 중생을 자비롭게 보라)를 썼어요. 마치 자신의 마지막을 예감했던 것 같아요.

6·25 때 우리가 집에서 쫓겨나올 때 인민군이 짐 보따리를 조

사해 그 속에 어머니가 감춰 둔 돈은 모두 압수했어요.

성경과 염주를 보고는 '이런 건 다 쓸데없는 것이에요'라고 말하면서도 되돌려줬어요. 지금도 제가 갖고 있는 아버님의 유품이지요.

한국에 들어오면 춘원의 딸이라고 밝히는 게 쉽지 않지요?

제 전공이 분자생화학인데, 1980년대부터 한국의 대학에서 네 번이나 초빙돼 학생들을 가르친 적이 있었어요.

한 번은 기자가 알고 찾아와서는 '사과할 뜻이 있느냐?'고 물었어요.

헌신적으로 학생들을 가르쳐 온 것에 대해 감사하다는 인사는 안 받아도 좋은데, 좀 그렇구나 싶었어요. 연좌제 비슷한 게 있으니 제 팔자는 민족 앞에서 사과할 수밖에 없는 거지요.

섭섭함이 있군요.

세월이 가면서 정리가 됐어요. 아버님을 사랑하는 분들에게는 감사를, 미워하는 분들에게는 사과를 드리고 싶어요. 제 입장을 이렇게 밝히는 것은 처음입니다.

그녀는 기자와의 인터뷰를 이렇게 마치고 있었다.

그녀는 미국서 살면서 1998년까지는 한국 국적을 갖고 있었다. 인도인 독립운동가(작고)와 결혼해 지금 1남 2녀를 두고 있다.

춘원의 문학과 사상, 그리고 사랑

얼마 전 한국현대문학관에서 한국인물전기학회가 주관한, 춘원 이광수의 생애와 문학사상에서 발표된 서울대 명예교수인 구인환 교수와 춘원의 막내딸, 미국 펜실베니아대학 이정화 교수의 글을 신용철 교수가 요약 정리한 내용이 생각난다.

구인환 교수는 어려운 시대를 겪으면서 문필로서 나라를 다스리자고 한 춘원 이광수를 회상하면서 한 세기가 지난 이 시점에 전집 10권의 방대한 작품과 함께 한국문학의 보고로서 연구와 관심이 증대되고 있다고 말한다.

특히 우리는 한쪽만의 시각으로 이광수의 문학을 내리깎거나 지나치게 부풀려서도 안 되고 객관적으로 접근해야 한다고 주장했다.

그동안 이광수에 대한 석사, 박사 학위 논문은 현재까지 석사가 120여 명, 박사가 33명이다.

그러나 그 후 그에 관한 논문은 더욱 증가했으며 아직 확인되지 않은 것도 있을 수 있다.

박명애는 이광수를 근대 중국의 유명한 반항적 문인 노신(魯迅, 1881-1936)에 비교하였다. 이처럼 엄청난 연구열과 연구의 양은 바로 춘원 이광수가 이룩한 그의 문학적 업적을 잘 말해주는 것이다.

고아로서 가난과 고통 속에서 식민지 치하의 격동의 시대를 겪으면서도, 이처럼 엄청난 업적을 남긴 이광수의 생애는 정말 파란만장하다. 문학비평가이며 민족운동가로서도 그는 실로 커다란 업적을 이룩했다. 이광수의 곡절 많은 생애를 몇 단계로 그는 이렇게 나누고 있었다. 일찍이 부모를 잃고 고아가 되었던 가난한 어린 시절, 일본 동경의 중학 시절과 오산학교의 교원 시절 및 유랑의 길, 일본 와세다대학의 유학과 「무정」의 신문 연재와 부인 허영숙과 만남, 그리고 그는 2.8 독립선언, 상해의 독립운동 시대와 민족개조론의 회오리, 도산 안창호와 동아일보, 조선일보 시절 및 수양동우회 사건, 창씨개명과 민족보존의 일념으로 친일 행위, 반민특위와 남양주의 사릉에서의 자전 소설 집필과 6·25 전쟁 등으로 나누고 있었다.

그리고 춘원은 60세가 되기 전 서울에서 북한군에게 납치되어 평양 근교에서 그의 생을 마쳤다.

구 교수는 '이광수가 나무하다가 손을 베어 울고 있을 때에, 옷고름을 뜯어 잡아매 주며 위로하던 중년의 부인을 만나지 않았다면, 산기슭에서 시름에 빠져 있을 때에 서접주를 만나지 않았으면, 예옥을 만나 박 대령 집을 떠나지 않았으면, 백혜순과 결혼하지 않았으면, 김성수의 도움이 없었더라면, 병원에서 허영숙을 만나지 않았더라면, 상해에서 귀국하지 않았더라면, 건강한 몸이었더라면, 크게 달라졌을지도 모를 자신의 생애를 타의에 의해 마치고 만다.'라고 그의 생애를 안타깝게 생각하였다.

'우연히 만나 가슴을 불태운 실단이, 예옥이, 난수, 백혜숙, 허영숙, 나혜석, 모윤숙 등의 여인들은 어디로 다 가버리고 선진국의 문턱에 들어선 이 나라에 이광수는 10권의 전집으로 문학의 공간을 채워주는 문학의 커다란 금자탑을 이루었다.'고 그의 업적을 높이 평가하였다.

구인환 교수는 이광수 스스로가 글 쓰는 사람이기보다 논객이기를 좋아했다고 평가하였다.

그는 이광수의 사상을 분석하여 3학년 지리 시간 이후 전 지구를 밟고 싶었던 방랑의식, 자기의 능력을 인정받고 싶었던 자아의식, 그의 개성과 개성에서 온 반항의식, 왜 사는가로 고민하는 종교의식 등으로 나누었다.

그의 이러한 의식들은 사실상 그의 파란 많은 깊은 관계를 갖는 것이다.

특히 종교의식에서 그가 천도교를 거쳐 기독교를 지나, 말년에 불교에 귀의하였음을 지적하여 뒤에 논란을 벌어지기도 했다.

구 교수는 그의 작가 의식을 가리켜 구질서를 부정하는 논의, 민족주의의 문제, 창작하는 문인이라기보다 논객을 자처하여 창작 자체를 한가로운 시기의 기교(技巧)라고 지적한다. 그의 문학 사상을 가리켜 성서의 문학, 공리주의 문학, 항구적 문학의 보편성 등을 들었다.

구 교수는 이처럼 위대한 춘원 이광수의 생애와 문학적인 업적을 회고하면서 아직도 숨어서 100주년 기념행사를 해야 하는 우리의 안타까운 현실을 지적하였다. 특히 이광수가 조선일보에 사설, 횡설수설, 논설, 소설 등 사설(四說)을 썼다고 말한 점을 지적한다.

사실 이광수는 시인이었고 수필가였고 소설가였고, 동시에 논객이었다. 그가 남긴 10권의 전집이나 춘원 문학사전 등의 많은 업적으로 보아 50분의 강의로서는 너무 부족하여 한 학기의 강의가 더 이루어져야 하고, 또 아울러 기념관도 세워져야 한다는 점을 주장하면서 오늘의 현실을 안타까워했다.

구 교수는 결론적으로 격동의 시대에 대응하면서 방대한 문학적 숲을 창조한 춘원 이광수와 그 문학에 대한 관심과 연구는 더욱 고조되고 활발해질 것이라고 단언하였다.

뒤를 이어 춘원의 막내 따님이며 『그리운 아버님 춘원』(우신사, 1955)'의 저자이기도 한 이정화 교수의 아버지에 대한 짧은 회고가 있었다.

춘원의 아버지 즉 이정화 교수의 할아버지는 실생활에 무능력한 데 비해, 할머니(춘원의 어머니)는 길쌈을 하는 등 매우 성실하여 그 생계를 꾸려나갔다는 말을 아버지로부터 들었다고 했다.

한편 춘원의 시 중 몇 구절을 영역한 것을 소개하며 춘원과 사제지간이었던 시인 모윤숙 여사를 회고했다.

모윤숙 여사가 이정화 교수에게 '비록 3천만이 춘원을 미워해도 너는 아버지를 미워해서는 안 된다.'라고 모윤숙 여사의 말을 회고했다. 한편 그는 도산 안창호 선생의 미국 가족에게 춘원이 보냈던 2통의 편지를 예로 들었다. 그 내용은 서울에 구속 중인 안창호 선생을 면회하고 나서, 도산의 가족이 도산을 면회하기 위해 한국에 오지 말라는 내용이었다.

그때의 도산 안창호 선생의 딸인 안수산 여사는 94세로서 미국에 살고 있으며 지난날 서울 강남의 '도산공원'에서 자서전 『버드나무 그늘아래』 출판기념회를 가졌었다.

이정화 교수는 아버지로부터 도덕적, 종교적, 예술적 영향을 많이 받았습니다.

"거지를 보면 호주머니에서 가장 큰돈을 꺼내주시던 모습이 눈에 선합니다"라고 회고하면서 춘원은 그의 작품 중 돌베개, 사랑, 원효대사를 가장 아꼈다고 말했다.

한편 광복 이후 춘원의 작품이기도 하며 그가 베었던 '돌베개'에 대해 민족을 위하고 동지를 구하려고 한 일이 나중에 민족을 해쳤다 하여 비난과 배척을 받았다.

"이것은 내가 부족하고 덕이 없는 까닭이다. 나는 돌베개를 베고 나를 채찍질하여 내 몸을 닦겠다"라는 것이 아버지의 뜻이었다고 회고했다.

친일의 문제가 이광수에게 있어서 항상 아킬레스가 되는 안타까운 현실을 생각하면서 이정화 교수 역시 이 문제에 대해 말하지 않을 수 없었다. "아주 억울한 일은 아버지가 일제시대에는 일본인에게 잡혀 다녔고, 대한민국에서는 반민법으로 시달렸고, 북한은 반동이라고 잡아간 것입니다"라고 대조적으로 예리하게 지적했다.

사실 이 강연이 끝나고 나서 청중들의 질문이 줄을 이었다. 이정화 교수가 아버지 유품으로 무엇을 갖고 있느냐는 질문에 대해 이정화 교수는 아버지 서명이 들어 있는 '성경과 염주'라고 했다.

청중들 속에서는 기독교 성도들이 "춘원이 언제 불교에 귀의하게 되었는가?"라는 질문도 있었다. 또 어떤 사람은 기독교 시기의 춘원은 반일 독립운동을 전개했는데, 불교도로서의 춘원은 반민족적 친일을 하게 되었다고 힐난하기도 했다.

특히 한 청중이 이 교수에게 춘원은 한국에 살면서 친일을 했는데, 이 교수는 친일을 안 했는데 왜 미국에 가서 살고 있는가? 라고 납득하기 어려운 질문도 있었다고 했다.

이에 대해 이 교수는 그저 간단히 '업보(業報)이지요.'라고 대답했다. 불교의 의미로 보아 불가피한 운명적이라는 뜻도 된다. 아주 짧지만 명쾌한 의미가 내포된 대답이었다.

춘원이 막내딸 이정화에게 어렸을 적에 염주와 성경책을 주었

다고 한다.

그리고 어려울 때는 성경을 읽고, 괴로울 때는 아버지 십팔번 찬송가를 부르라고 했다는 점을 회상했다. 이러한 점에서 보면 위의 질문자에 대한 대답이 이미 명쾌해졌다.

즉 춘원은 기독교를 받아들이면서도 불교 역시 배격하지 않았던 것이다. 이는 종교적인 사상가는 그 모두를 받아들일 수 있다는 것이다. 그리고 '모든 종교는 인간을 사랑하고 고독하며 살기 어려운 인간의 구원에 최종적 목표를 두고 있었음을 알 수 있다'라고 말했다.

강연이 끝나고 참석자들에 대한 소개가 있었다.

"나는 춘원 선생의 6촌 동생이며 광릉 봉선사의 주지였고, 우리나라의 불교대장경을 한국어로 번역한 위대한 학승인 운허 이학수 스님이 세운 광동중학교를 졸업했습니다.

춘원은 사릉에서 머물다가 그러한 인연으로 이 광동중학교에 와서 한 학기 동안 교사생활을 했습니다. 그리고 그가 지은 교가는 오늘까지도 이 학교에서 불리고 있습니다."라고 말한 사람도 있었다.

청중이 시비조로 물었던 불교와 반민족의 문제는 결코 핵심이 될 수는 없었다. 그것이 종교와 무슨 관계가 있겠는가? 불교도인 한용운은 위대한 독립운동가가 아니었던가? 괴롭고 어려울 때 불교도들이 의지하고 찾는 관세음보살이나 기독교의 성경은 이런 의미에서 중요한 의미를 갖는 것이다. 라고 말하기도 했다.

춘원은 해방 후 반민법으로 그의 지난날 친일 문제로 고민하고 있을 때, 6촌 동생 운허 스님 이학수 교장의 배려로 봉선사에 머물고 아침저녁으로 염불하는 불교인이었다.

그의 후기작품인 돌베개 속에서 그 당시의 생활을 잘 엿볼 수 있다. 1970년대 북한을 방문했던 춘원의 아들 이영근 교수가 쓴 글에서 아버지는 돌아가실 때에도 불교도이셨을 것이라고 말한 것을 우리는 기억한다. 그의 유일한 기념비가 현재 봉선사 입구에 세워져 있는 것도 이러한 춘원 말기의 생활과 결코 무관하지는 않을 것이다.

그리고 춘원이 어렸을 때부터 특히 어려울 때면, 그의 곁에는 항상 그의 6촌 동갑 동생인 운허 이학수가 있었다.

이학수는 춘원의 어릴 적의 친구이며, 함께 한문을 배운 동문이었다. 춘원이 삶에 지쳐있을 때, 그는 춘원이 정신적으로 의지할 수 있는 곳이었고, 도움을 받을 수 있었던 곳이다.

봉선사 내의 광동중학교 교사 시절이나, 그가 대한민국을 떠난 후 봉선사의 입구에 있는 춘원기념비 등은 모두 운허 이학수가 춘원을 위해 배려한 흔적이라 할 수 있다.

춘원과 불교와의 관계는 그처럼 험난한 삶의 과정을 더듬어보면 그리 큰 의문의 문제는 아닐 것이다.

피울음으로 오늘 밤도
'렌'은 '시몬'을 부르고 있다

모윤숙(毛允淑)은 진정 춘원을 사랑했는가?

모윤숙(毛允淑)은 일제 강점기에 대한민국의 유명한 여류 시인이며 수필가이다. 그녀는 일찍이 이화여전 23세 꽃다운 나이에 처녀시집 『빛나는 지역』 등을 발간하여 세상을 놀라게 했다. 춘원 이광수는 이 시집 서문평에 이렇게 적었다. '불 꺼진 조선의 제단에 횃불을 켜놓으려는 시인'이라고 극찬하였다. 춘원은 누구보다 모윤숙의 발랄한 성격과 문학을 사랑했으며 자신을 잘 따르는 그녀를 좋아했다.

17살의 나이 차이가 있었지만, 그들의 대화는 문학이란 한 울타리 안에서의 연배를 떠나 언제나 동지애와 아름다운 문학이 있었고 훈훈한 사랑이 있었다.

"선생님! 제가 이번에 처녀시집 『빛나는 지역』을 출간해요. 춘원 선생님의 서문(序文)으로 저를 축하해 주세요."

모윤숙은 주변의 기라성 같은 선배들을 다 제치고 제일 먼저 원고 뭉치를 안고 춘원을 찾아 왔다.

"써 주고 말고…. 당연히 써야지!"

춘원은 기쁜 모습으로 그녀의 간청을 쉽게 허락하고 격려하였다.

춘원은 그의 서평 서문에서 또 이렇게 적었다.

"조선에는 '허난설헌'이라는 여성 한시인(漢詩人)이 있었다. 그러나 조선말을 가지고 조선 민족의 마음을 읊은 여시인(女詩人)으로는 아마 모윤숙 여사가 처음일 것이다.

여사는 조선의 땅을 '안으려'하는 시인이다. '검은 머리를 풀어 허리를 매고 힘차게 불 꺼진 조선의 제단에 횃불을 켜놓으려' 한다고 외치는 시인이다.

나는 모윤숙 여사가 영원한 습작자(쭵作者)로 자처하고 지나간 업적을 연방 불에 살라버려 가면서 조선 혼의 더 큰 소리로 더 기운차고 더 간절하고 더 아름다운 소리로 부르짖고 나아가고 올라가는 일생을 가지는 시인이 되기를 바란다."라고 모윤숙을 몹시 치켜세웠다.

그 후 두 사람은 문학 선후배 사제지간으로 많은 만남을 통해, 모윤숙은 춘원을 존경하게 되고 나중에는 그 존경이 자신도 모르는 사이에 애틋한 사랑으로 옮겨지는 것을 느끼고, 그녀도 소스라치게 놀라곤 하였다.

그러면서 모윤숙이 섭섭한 것은 춘원 선생이 자기를 대할 때마다 보여주는 가부장적인 태도가 늘 마음을 서운하게 했다. 마치 자기를 딸처럼, 막내 조카처럼 너무나 어리게 대하기 일쑤였다.

세상에는 비밀이 없는 법. 주변…, 말하기 좋아하는 사람들의 입방아에는 이런 소문들이 떠돌아다녔다.

'춘원과 모윤숙은 연인 사이라고.' 그런데 참 이상한 것이 있긴 했다. 이럴 때마다 각각 두 사람은 펄쩍 뛰기는커녕, 빙그레 미소만 지으며 가타부타 말이 없었다는 것은 그때나 그 후에나 늘 마찬가지였다. 왜냐면 이 두 사람 사이에는 아무도 모르는 슬프고도 아픈 사랑의 이야기 같은 것이 있는지 모를 일이다.

때는 1930년 초 모윤숙은 시(詩)로 문단에 데뷔했다. 「피로 새긴 당신의 얼굴」, 「동광」, 「추억」, 「삼천리」 등으로 출발해서 3년 후, 『빛나는 지역』의 첫 시집을 출간했다.

이때 춘원이 서문을 쓰고 김활란이 발문을 썼다. 이렇게 춘원과 모윤숙은 문학을 통해 알게 되었고 만나면 17살의 나이 차이가, 주는 부담감 때문에 처음에는 어려운 사제지간처럼 지냈다. 그러나 두 사람은 자주 만나면서 누가 먼저라 말하기 어렵지만, 서로 바라보는 눈빛이 달라지기 시작했다.

한번은 이런 일이 있었다. 이날도 춘원은 밤늦게까지 원고를 정리하고 있었는데, 곁에는 모윤숙이 집에 가지 않고 조수처럼 춘원의 원고 등 잡일을 도와주고 있었다.

건넛방에서 일하는 모윤숙을 지그시 바라보던 춘원이 무거운 입을 열었다.

"윤숙이! 밤이 많이 늦었어. 이제 그만, 가야지 집에."

"……"

잘못 들었는지 윤숙은 대답이 없다. 춘원은 자리에서 일어나 건넛방으로 가서 제자를 바라보며 재차 말한다.

"집에 안 갈 거야? 밤이 늦었는데…."

"가야죠. 갈 거예요. 조금 있다가…."

스승 춘원을 바라보는 윤숙의 까만 눈동자가 몹시 흔들거리고 있었다.

그 후부터 윤숙의 마음은 늘 슬펐고 외로웠다. 스승 춘원과 함께 있으면 마냥 행복한 것만은 아니었다.

'아! 그리운 스승 춘원. 나 어쩌면 좋아.' 누구의 소개로 첫 시집 출간할 때, 서문을 받으러 간 날 밤을, 윤숙은 결코 잊을 수 없다.

그렇게 해서 춘원을 처음 봤을 때, 윤숙은 그만 첫 만남에서 자신의 시선을 어디에다 둘 수 없었다. 춘원 선생이 그만 남자로 너무나 멋있게 보였기 때문이다.

전신이 쭈뼛 굳어지며 심장이 오그라들고 있었다. 하얀 와이셔츠에 까만 조끼를 받쳐 입은 옷맵시가 어쩌면 그렇게 도도한 멋으로 보였을까.

자신을 바라보며 가끔씩 웃어 줄 때 드러나는 고른 하얀 치아가 윤숙의 어린 마음을 마구 흔들어 놓고 있었다. 그러나 어찌하랴. 우리는 결코 이룰 수 없는 한계선상에, 그저 한숨만으로 그리워하며 밤을 지낼 수밖에.

이것이 짝사랑인 것을…. 내 혼자만의 사랑인 것을…. 혼자 체념하면서 그녀는 홀로 그리워하였다.

모윤숙은 이때부터 자신의 마음을 눌러 죽이면서 일기장에다 솟아오르는 자신의 뜨거운 사랑의 감정을 있는 그대로 쓰기 시작했다.

"소쩍새는 밤마다 피울음을 운다고 한다. 이미 아내가 있는 그 남자에 대한 사랑을 날마다 나의 일기장에 쓰면서 밤마다 건널 수 없는 강을 바라보면서 나는 울고 있다. 세상에 있는 온갖 아름다움, 슬픔, 외로움, 아픔의 말을 다 모아, 나의 일기장에 적어 본다."

아프리카의 깊은 숲속에서 혼자 우는 '렌'이라는 새를 윤숙은 자기 이름으로 정했다. 그리고 성경에 나오는 베드로의 옛 이름

‘시몬’을 윤숙이 사랑하는 남자의 이름으로 정하고 이 일기장을 오늘 밤도 나는 쓴다고 하였다.

매일 매일 윤숙은 주체 없이 들고 일어나는 뜨거운 사랑의 감정을 자신의 노트에 일기장처럼 쓰고 또 썼다.

이러고 있을 때, 어느 날 문학청년 조지훈이 회현동 모윤숙 집을 예의 방문하였다. 조지훈은 선머슴처럼, 현관에 들어서면서 경상도 사투리에 큰 소리로 말했다.

“선생님! 동탁이 왔어예.”

동탁은 조지훈의 본명이다.

“어서 오라우! 오랜만이야. 우리 미남 청년! 그간 어떻게 지냈나?”

모윤숙은 반갑게 조지훈을 맞아 주었다.

“샌님 덕분에 제가 이번에 등단 성공했어예! 참으로 고맙네요.”

조지훈은 머리를 한참 굽혀 고맙다는 인사를 했다.

실은 조지훈이 오늘 이곳에 갑자기 오게 된 것은 다른 목적이 있었다. 그것은 다름 아닌, 모윤숙 시인이 근래 밤잠을 설치며 열심히, 그러면서, 심각하게 무언가 쓰고 있는 일기장이 있다는 소문이 세간에 파다한지라, 그것이 하도 궁금해 그것을 훔쳐보러 온 것이다.

“우리 미남 청년 오랜만에 왔으니 맛있는 차를 대접해야지.”

하면서 모윤숙이 부엌 취사 방으로 건너가고 있음을 놓칠세라,

조지훈은 일기장이 있을 만한 책상 서랍을 뒤지기 시작했다.

운이 좋았다. 이리저리 막 뒤지는데 일기장은 서랍 속 한쪽 구석에 그냥 얌전하게 누워 있었다. 조지훈은 취사 방 쪽을 힐금힐금 살피면서 일기장을 얼른 자신이 들고 온 가방 속에 깊숙이 집어넣었다. 심장이 콩닥콩닥 뛰었다. 지훈은 겨우 견디며 한참 딴청을 부리다가 얼른 도망갈 기회만 엿보았다.

"이제 맛있는 차도 얻어먹었겠다, 감사의 인사도 드렸겠다, 얘기도 많이 했으니, 그만 가볼래요. 샌님."

들키기 전에 얼른 튀는 것이 장땡이다 싶어, 조지훈은 도망치듯 모윤숙의 집을 빠른 동작으로 나섰다. 이마에는 식은땀이 흐르고 있었다.

집에 돌아온 동탁은 그 문제의 일기장을 얼른 꺼내 읽기 시작했다.

모윤숙의 『렌의 애가(哀歌)』 첫 일기장 편지(1신)는 이렇게 시작되고 있었다.

시몬!
이렇게 밤이 깊었는데
나는 홀로 작은 책상을 마주 앉아 밤을 새웁니다.
눈을 들어 하늘을 쳐다보면
작고 큰 별들이 떨어졌다 모였다

그 찬란한 빛들이 무궁한 저편 세상에 요란히 어른거립니다.

세상은 어둡습니다.

우리가 살고 있는 땅 위는 무한한 암흑 속에 꼭 파묻혔습니다.

이렇게 어두운 허공 중에서 마치 나는

당신의 이야기 소리를 들으려는 듯이 조용히 꿇어앉았습니다.

광명한 밤하늘 저편으로부터

어둠을 멸하려는 순교자의 자취와 같이

당신은 지금 내 적막한 주위를 응시하고 서신 듯도 합니다.

이 침묵의 압박을 무엇으로 깨치리까?

밤바람이 주고 가는 멜로디가

잠깐 램프의 그늘을 흔들리게 합니다.

아직 나는 뜰앞의 장미를 볼 수 없습니다.

당신이 심어 주신 그 장미를!

여름 신의 애무가 있기 전에

장미는 나에게 향기를 전할 수 없을 줄 압니다.

이런 밤 장미가 용이하게 내 곁에 가까이 있다면

나는 그 숭고한 향기로

당신을 명상하기에 기쁨이 있었을 것입니다.

책을 몇 페이지 읽으려면 자연

마음이 흩어지려 합니다.

그것은 책 속에 배열해 놓은 이론 보다

당신의 산 설교가 더 마음에 동경되는 까닭입니다.

여기까지 읽고 난 동탁은 전신에 몰려오는 그리움의 아픔에 잠시 눈을 감았다.

온몸에 전율이 왔다. 팔뚝에 소름이 돋았다. 이렇게 잘 쓴 시를 여태 본 적이 없었다.

동탁 조지훈은 누구인가. 후일 박두진, 박목월 등과 함께 청록파 시인으로 이 나라 조선 문단을 뒤흔들었던 시인 논객이 아니던가.

청년 동탁은 더 주저할 수 없었다. 날이 밝자마자 평소 잘 아는 안국동 '일월' 출판사로 내달렸다.

훔쳐 온 일기장을 주인 허락도 없이 지금 시집으로 출판하려는 것이다.

나중에 모윤숙 선생에게 죽임을 당하는 일이 있더라도 이 좋은 내용을 세상에 하루라도 빨리 펼쳐 보이고 싶은 욕심으로 지금 동탁은 제정신 아닌 것이다. 그야말로 엄청 난 사고를 치고 있는 것이다.

조지훈은 청년 시절부터 배포가 이렇게 컸던 것인가. 윤숙 선생이 평소 자신을 몹시 아껴주는 처지에서 이 정도로, 설마 자기를 죽이기까지 하겠나 하는 믿음도 없는 것은 아니었다.

결국 동탁은 훔친 모윤숙 시인의 몰래 써둔, 39쪽짜리 『렌의 애가』 시집을 출판해서 고고의 성(聲)을 내며 이 세상에 발표되었다.

출판되자마자, 닷새 만에 완전 매진되었고 나머지 일기도마저 읽게 해 달라는 독자들의 성화가 삽시간에 온 장안을 요란하게 만들었다.

모윤숙은 이 상황을 전해 듣고 몹시 놀랐다. 그러면서 분노했다. '세상에 어찌 이런 일도 있는가'라며 지훈을 불러대고 있었다.

그러나 동탁은 일부러 며칠을 시간 끌다가, 느긋하게 모윤숙 앞에 찾아와서 무릎을 꿇었다. 그리고는 용서를 빌면서 전후 사정을 변명으로 뱃심 좋게 설명했다.

자초지종 사연을 자세히 들은 작가 모윤숙은 자존감이 상한 것은 분명했지만, 어쩐지 그렇게 기분이 상하진 않았다. 어린 동탁을 발길질로 몇 번 걷어찼지만, 발끝에 힘이 가지도 않았다. 아프지도 않았으며, 얼굴에는 노기 대신, 기쁨의 미소만 있었다는 동탁의 후일담도 매우 재미가 있었다.

그리고 일월 출판사로부터 받은 두툼한 돈 봉투를 들고 찾아간 동탁을 보더니 "야, 너 이리 와!" 손을 높이 치켜들고 때릴 듯 흉내를 내더니, 이내 동탁을 와락 끌어 안아주며 "동탁아! 참 고맙다."라고 말하는 모윤숙 시인의 눈에는 기쁨의 눈물이 맺히고 있었다 했다.

언제나 그랬듯이 통큰 모윤숙은 봉투 안의 돈을 헤아리지도 않고 절반을 뚝 잘라 동탁에게 건넸다.

"아닙다예. 이거 너무 많아예."

놀란 동탁이 크게 사양하고 나서니 모윤숙이 하는 말이 걸작이다.

"너 돈 때문에 사고 친 게 아니니? 한번 실컷 써봐!"

그러면서 모윤숙은 박장대소 목젖이 다 보이며 웃고 서 있었다.

이렇게 해서 세상에 나온 『렌의 애가』는 찍어내고 또 찍어내도 끝없이 팔려나갔다. 사람들이 모이면 모두 이 시집 이야기뿐이었다.

『렌의 애가』를 읽어 보고 시를 좋아하는 유진오 박사는 이렇게 평했다.

"『렌의 애가』는 한국판 『좁은 문』이며 여자 쪽에서 쓴, 『젊은 베르테르의 슬픔』이라"고…. 결국 대화들의 귀결은 이 시에서 작가 '렌'이 피울음으로 울며, 밤마다 찾고 있는 그 '시몬'은 과연 누구란 말인가 하는데 모아졌다.

이때, 『렌의 애가』는 춘원의 『사랑』과 더불어 서구의 어떤 고전 못지않게 지난 시대 이 땅의 젊은이들 머리의 등잔불 심지를 높이던 필독서로 그 인기는 그야말로 만점이었다.

결국 뭇사람들의 입방아에 '시몬'은 춘원이라는데 의견들이 모여졌지만, 당사자인 모윤숙과 춘원은 결코 '그렇다'라는 속 시원한 자백을 끝까지 하지 않았다.

"선생님! 춘원이 맞지요? 이젠 밝혀도 되지 않아요?"

오랜 세월이 흐른 뒤, 그동안 문단에서 줄곧 모윤숙을 보좌했던 성기조 시인이 수차례 물어봤지만, 모윤숙의 태도는 늘 한결같았다 한다.

가타부타 대답은 없고 항상 빙그레 웃기만 한다는 것이다.

모윤숙은 그럴 때마다 한 가지 달라지는 행동이 있다 했다. 대화 중에 춘원 이야기만 나오면 흐트러져 있던 자세를 금세 정숙한 숙녀처럼 고쳐 앉는다는 것이다.

'팔순의 말년까지도 그 버릇은 계속되었다'라는 성기조 시인의 증언이 있다.

90년에 팔순의 나이로 이 슬픈 노래를 못다 부르고 간 모윤숙 시인! 지금은 어느 숲속에서 시몬을 찾으며 아직도 피울음을 울고 있는지 몹시 궁금하다.

K공작과
안면도 대간첩작전

K공작과 안면도 대간첩작전

1970년대는 국내외로 격동기였다.

국내로는 7·4 남북공동성명이 있었고 제4공화국의 수립, 8.3조치 발표, 유신헌법 발표 그리고 육영수 여사 암살, 부마항쟁, 박정희 대통령 시해 사건, 전두환의 12·12 등 역사적 수레바퀴의 족적이 피로 물든 암울한 시대였다.

유신체제의 제4공화국이 수립된 1973년 어느 봄날, 한지민 가족은 충남 서산행 급행 버스를 탔다. 가족이라야 아내와 세 살배기 아들 지용과 장모님이 전부였다. 지금 이들은 남편이 새로 발령 난 '서산'으로 부임하고 있는 중이다. 이삿짐은 군용 트럭으로 1시간 전에 미리 출발시켰다.

아까부터 부아가 치민 듯 잔소릴 해대던 아내가 다시 말문을 열었다.

“그라니 내 뭐라꼬 했소? 고분고분 좀 비위도 맞추고 알랑방귀도 뀌라 했는데…. 고집은 있어 갖꼬 만날 싸움만 하더니 꼴좋소… 가족만 고생시키고.”

“……”

한지민은 지그시 눈을 감고 의자에 기댄 채 계속 아무런 반응도 하지 않았다.

“보소! 제발 말 좀 해 보이소. 그 이 과장이 말이 과장이지 부대장도 함부로 어쩌지 못할 정도로 세게 논다는 사람인데 당신이 뭐 잘났다꼬 만날 겁 없이 덤볐소?”

아내는 한지민이 이 과장한테 찍혀서 지금 첩첩 두메산골 서산으로 좌천되어 간다고 생각하니 부아가 치밀어 견딜 수 없는 모양이다. 지금 아내가 말하는 이 과장은 보안사 대전지구대 대공과장 이종헌 중령을 말하는 것이다.

이 중령은 육사 출신 하나회 핵심 멤버다. 서울사령부 인사과장 요직에서 근무하다가 이곳 대전지구대 대공과장으로 부임한 실세 중 실세다. 그러므로 부대장 허말범 대령도 비육사 출신으로 이 중령을 함부로 대하지 못했다. 그런 데다 또한 이 중령의 성격이 필요 이상으로 날카롭고 거만스러워 주변에 그를 좋아하는 이가 거의 없을 정도였다. 그러나 대원들은 자신에게 미치는 불이익을 생각해 이 사람 면전에서는 온갖 아부를 아끼지 않았

다. 그러나 오로지 한지민만은 그렇게 하지 않았다. 절대 고분고
분하지 않았다.

한 대위는 보안과 소속으로 3관구 사령부 팀장으로 나가 있음
에도 불구하고 그는 자기 멋대로 한 대위를 호출하곤 했다. 이때
마다 한지민이 본인의 직속 상관인 보안과장 양해를 받아달라고
간곡히 얘기할라치면, 막무가내로 굴었다.

"한 대위! 너 왜 그리 건방지니? 한번 혼나 보겠어?"

"과장님! 지금 여기 일 다 팽개치고 수시로 대공과로 달려가
면 이곳 일은 누가 합니까? 제 입장도 있으니 우리 보안과장님
한테 협조를 좀 해달라는 게 아닙니까?"

"그건 내가 다 알아서 한다. 잔말 말고 30분 안에 달려와!"

"지금 그렇게 할 수 없습니다."

"뭐, 이 새끼, 그렇게 못한다고? 너 한번 죽어볼 테야?"

"막말 그렇게 함부로 하지 마세요. 나도 엄연한 장교입니다."

"뭐라고? 너 거기 꼼짝하지 말고 기다려!"

대공과장 이종헌 중령은 분을 삭이지 못하고 전화통을 벽을
향해 던져 박살내고는 관구사령부로 달려가기 시작했다. 얼마 후
이 과장은 문짝을 발로 차면서 거칠게 돌진해 왔다.

"너 이 새끼! 내 앞에서 다시 혓바닥 놀려 봐!"

화가 머리끝까지 오른 이 과장의 숨소리가 몹시 거칠었다.

“이 새끼, 이 새끼 욕하지 마십시오. 정말 기분 좋지 않습니다.”

한지민은 금방 주먹이 날아올 것 같은 이 중령 앞에 떡 버티고 서서 조금도 기죽지 않고 그의 눈을 똑바로 쳐다보고 있었다. 한참 올려다보는 이 중령, 체격이 비교적 왜소하고 깡마른 이 중령 앞에 떡 버티고 서있는 한 대위의 우람한 몸집에 다소 기가 죽는 듯하더니 그 특유의 오만한 표정을 지으며 푸념처럼 말한다.

“새까만 대위가 중령한테 덤비다니?”

“왜요? 경우상 안 되겠다 싶으니깐, 이제 하극상으로 몰겠다는 겁니까?”

“아니야. 명령 불복으로.”

“말도 안 됩니다. 내 소속이 보안이니 대공에서 보안으로 협조해 달라는 게 명령 불복이면 무대뽀로 경우 없이 밀어붙이는 것은 월권이 아닙니까?”

이런 얼빠진 자가 고급장교로 보안사 중심 세력에 끼어 있다니 한지민의 눈에는 보안사의 장래가 빤히 보였다.

이 과장은 이제 흥분이 좀 진정되었는지 의자를 빼내 걸터앉으며 낮은 음성으로 말한다.

“이 사람아. 내게 좀 져주면 안 되나? 왜 자네만 그렇게 뻣뻣

한가?”

“그것은 결코 져드리는 게 아닙니다. 과장님더러 같이 비굴해지자는 더러운 꼴이 되는 것입니다. 그래도 좋습니까? 저는 그렇게는 못합니다. 결코 비굴하게 살지 않겠습니다. 용서하십시오.”

한지민의 표정은 잔잔한 것 같지만 사뭇 양보 못 하겠다는 그의 의지는 대단해 보였다.

“그래 잘 알겠네. 소신대로 살아 보게. 좋은 일 있을 거야!”

이 중령은 피우던 담배를 재떨이에 부욱 짓눌러 끄면서 푸념처럼 중얼거렸다. 조금 전만 해도 화가 치밀어 어쩔 줄 모르던 그의 표정도 어느새 차분해져 있었다. 이런 일이 있은 후 이종헌과 한지민은 서로 상극이란 소문이 부대 내에 퍼졌다.

그래서 한지민 아내도 자연 알게 된 것이다. 딸이 이제나저제나 잔소릴 그만둘까 기다리지만 계속 이어지자 뒷좌석의 장모가 딸에게 한마디 했다.

“마, 이제 끝내라이. 한 서방이 점잖게 있을 때 시톱해라.”

아내는 성질을 죽이지 못하고 날을 세워 계속 열을 올린다.

“또도 아닌 성질을 좀 지기끼라고 내 얼마나 부탁했기요. 그 사람하고 맞서 당신 이길끼라고 생각했소?”

“……”

한지민은 계속 눈을 감은 채 말이 없다. 비포장도로에서 버스는 더욱 세차게 덜커덩거린다.

"니 정말 조용히 안 할래? 한 서방이 뭘 그렇게 특별히 잘못 했다고 이래 지랄이고?"

장모의 표정이 크게 일그러져 있었다. 다른 때 같으면 아내에 게 벌써 벼락이 떨어지고도 남을 시간인데 오늘은 어쩐 일인지 조용한 사위가 장모는 무서운 것이다.

한지민은 계속 말이 없는 가운데 가끔씩 눈가에 웃음기가 스 치곤 했다. 이 중령 때문에 먼 시골로 좌천되었다고 생각하는 아 내의 마음이 이해가 되었다. '천안' 파견대에서 '대전' 본부로 발 령난 지 3개월도 안 되어서 또 이렇게 비포장도로가 이어진 캄 캄한 벽촌으로 귀양처럼 쫓겨 간다고 생각하니 고집불통 남편이 원망스러운 것은 당연했을 것이다.

'어리석은 자여, 지금 당신 잘못 짚고 있는 거야. 그렇지 않다. 내가 이곳에 가는 것은 중요한 일이 있어 가는 거야. 시간이 가 면 확실히 알게 될 거야. 지금은 보안상 말해줄 수 없어. 마누라 야! 참 미안타'

대망의 K공작을 위해 소령급 서당 지구대장에 한지민이 발령 났을 때 지민과 모든 사람들은 깜짝 놀랐다. 한 대위를 천거한 사람이 견원지간으로만 생각했던 대공과장 이종헌 중령이었기 때문이다.

얼마 후 현지 부임 보직 신고를 하던 날, 이 중령은 자기 방에 들러 커피 한잔하고 떠나라고 했다.

"한 대위! 보직을 축하해. 한번 멋들어지게 잘해봐! 당신은 잘할 거야. 자네를 믿으니까."

"과장님! 감사합니다.""

"한 대위도 내게 인사할 줄 아네? 내가 사람 볼 줄은 좀 알거든. 열심히 해봐. 결코 비굴하지 않은 자존심, 끝까지 지키라고. 지금부터 내가 자네 후원자가 돼주지."

한지민은 이 과장이 자기에게 진심으로 본심을 보였던 그때를 떠올리고 있었다. 그러다 이내 곧 흔들리는 버스 창밖으로 시선을 돌렸다. 앞서가는 군용 트럭이 비포장도로의 모든 먼지를 온통 사방으로 흩날리게 하는 심술을 부리고 있었다. 차창 밖 뿌연 먼지 속에서 4월의 산야가 시야에 들어왔다. 벚꽃, 복사꽃, 배꽃들이 산 입구 개천에 흐드러지게 피어 있었다.

'꼬르륵' 배 속에서 밥 달라는 신호를 연신 보내고 있었다. 벌써 12시가 훨씬 지나고 있었다. 세 살배기 아들 지용이가 선잠을 깼는지 투정을 부린다. 아내도 장모도 새우잠에서 부스스 깨어난다. 지루하던 버스도 어느새 종점인 서산 터미널에 도착하였다.

터미널엔 이곳 지구대대원들과 의외로 전임대장 김 소령이 기다리고 있었다. 한지민은 차에서 내려 김 소령과 서산 부관 유상사, 당진부관 박 상사에게 가족을 일일이 소개했다. 이어 서산 유 부관이 도열한 간부 대원들을 일일이 소개하였다.

상견례가 끝나고 유 부관이 안내한 어느 아담한 한정식집으로 이동했다. 터미널에서 그리 멀지 않은 곳에 자리잡은 식당은 시골답지 않은 꽤 고풍스러운 집이었다.

아내와 장모는 지금 자신들이 식당까지 타고 온 근사한 자가용이 앞으로 한지민이 탈 자동차라는 사실에 안도하는 듯했다. 모든 대원이 한지민을 어렵게 대하는 공손한 태도라든지, 제대로 대접을 받는 모습에서 어쩌면 이곳은 좌천의 귀양지가 아닐지도 모른다는 희망을 가지게 되었다.

예약된 정갈한 음식들은 도회지에선 먹어보기 힘든 서산 특산물들이 주류를 이루고 있었다.

유 부관은 이 지역에서 비교적 오랫동안 근무를 하고 있는 터라, 상에 차려진 특산물들에 대해 설명을 하기 시작했다.

"요것은 팔봉감자, 저것은 감천배, 이것은 육쪽마늘, 꽃게장, 양지버섯, 생강한과, 호박고구마, 인삼, 저것은 어리굴젓. 이 중에서 가장 대표적인 이 지역 특산물은 역시 어리굴젓이지요. 이곳 어리굴젓이 다른 고장 것과 차별되는 것은 고춧가루와 조밥을 섞어서 만드는 것이래요. 그래서 맛이 독특하답니다."

장황한 유 부관의 설명이 끝났다.

"목젖이 몽땅 내려앉겠어요. 빨리 먹읍시다."

김 소령이 엄살을 피우면서 한마디 거들고 나섰다.

"하하."

유쾌한 웃음소리가 방 안을 가득 메웠다. 즐거운 식사가 끝난 후 한지민 가족은 대장 당번병의 안내로 미리 마련해 둔 숙소로 안내되었고 한 대위는 김 소령과 같이 지구대 사무실로 들어갔다.

경북 구미 태생인 김 소령은 이곳에 부임한 지 1년 정도 되었는데, 갑자기 타 지역으로 전근되어 아쉬운 마음이 컸으며, 자신이 왜 조기 교체되는지 그 이유를 전혀 모르고 있었다. 따라서 한지민이 이곳에 어떤 임무를 띠고 왔는지는 더더구나 알지 못했다.

두 사람은 업무 인수인계를 시작했다. 그리고 내일 일정도 협의하였다. 오전엔 관내 군부대를, 오후엔 서산 군청과 경찰서 등 각 기관을 방문하자고 김 소령이 말했다. 당진 군청과 그곳 기관들은 자신이 시간이 나지 않아 동행할 수 없노라고 덧붙였다. 피곤하게 보이는 김 소령은 내일 9시까지 오겠다고 하면서 자리에서 일어났다.

'서당지구대' 또는 '충남기업사'라는 간판을 걸고 활동하는 보안사 파견대다. 서당은 서산과 당진의 합성어다.

다음 날 아침.

한지민의 숙소 대문 밖에는 운전병이 기다리고 있었다. 그는 가족들의 배웅을 받으며 의젓하게 승용차에 올라탔다. 말쑥한 신사 복장에 사정없이 달려드는 아들 지용이를 하늘로 번쩍 치솟게 했다가 웃고 서 있는 아내에게 럭비공 던지듯 패스해 넘겼다. 손을 흔들며 배웅하는 아내는 어제 버스 안에서 잔소릴 해대던 그 아내가 아닌, 딴 여자가 되어 있었다.

남편이 대전 본부에서 대공과장 이 중령과 불편한 관계 속에서 근무를 하다가 이곳 독립된 지구대에서 대장 노릇을 하는 것을 보니, 어쩌면 영전인지도 모르겠다는 생각으로 이제는 남편이 자랑스럽기까지 한 모양이다.

"충성!"

한지민이 사무실에 들어서자 대원들이 일제히 기립하여 대장에게 '충성'이라는 구호를 복창하며 아침 인사를 한다. 따라 들어온 유한송 부관이 2급 비밀의 상황판 커튼을 벗기곤 침착하게 지구대 현황을 브리핑하였다. 영리하고 노련한 유 상사는 이미 새로 부임해 온 한 대장의 인성 파악을 철저히 하고 있는 듯했다.

보안사 간부라면 대전 본부 이종헌 중령을 모르는 사람이 없었다. 정말 무섭고 능력도 있고 실세 중에 실세인 이 중령을 상대로 정면으로 싸움을 건 부하 직원은 지금까지 아무도 없었다. 그런데 최근 예상치 않게 딱 한 사람 나타났으니 그 사람이 바로 한지민 대위인 것을 그들은 이미 알고 있었다. 누굴 믿고 그렇게까지 맞섰는지는 모르나 아무튼 힘없는 위관이 조금도 비굴하지 않고 소신을 꺾지 않았다는 것은 정말 대단한 사건이었다. 용기와 배짱 없이는 아무나 못하는 행동이었다. 또한 명문 K대학 출신 학군장교에 훌륭한 체격의 유도 고단자, 또한 지난 68년 '울진 삼척' 사태 시 보여준 용맹 등으로 한지민은 보안사 내부에선 이미 널리 알려진 유명한 인물이었다.

"유 부관! 잘 들으시오. 지금까지는 어떻게들 일해 왔는지 잘 모르지만 난 원칙과 정도를 걷는 사람이오. 월권 같은 바보짓은 절대 용납 못 합니다. 비행과 부정도 결코 용서하지 않을 것이오. 사내의 1차 책임은 모두 유 부관에게 묻겠소. 그러니 늘 긴장해야 하오."

한지민은 유 부관을 무섭게 쏘아보면서 단호하게 지시했다.

"잘 알겠습니다. 그렇게 명심하겠습니다."

유 부관은 한 대장이 결코 호락호락한 위인이 아니라는 걸 잘 알고 있기 때문에 몹시 긴장하고 있었다.

"여러분! 한마디만 더 하겠다. 특권의식을 절대 갖지 말라. 우리 보안사 직원들의 고질병은 바로 이 특권의식이다. 긍지 속에서 살아야 하는데 유감스럽게도 그렇지 못하다. 긍지와 특권의식은 엄연히 구분된다. 겉으로 드러내면서 일하지 말라. 우리의 일하는 자세는 음지에서 활동하는 것이다. 늘 인간적인 겸손함을 보여야 한다. 그래야만 상대방은 자신의 마음의 문을 열 것이다. 우리의 궁극적인 목표는 무엇이겠나?”

한 대장은 잠시 입을 다물고 좌중을 주욱 둘러보다가 김시중 군무원에게 시선이 멈췄다.

“김시중이라 했소?”

“네, 그렇습니다.”

“우리 부대 활동 목표가 뭐라고 생각하시오?”

급작스러운 질문에 김시중은 긴장된 표정으로 더듬거리며 대답한다.

“그, 그건 정, 정보 수집입니다.”

“궁극적인 목표는 정보 입수보단 피지원부대 지원입니다. 정보 입수는 하나의 수단이지 목표는 아닙니다. 상대를 억압하고 감시하고 착취하는 것이 아니고 도와주는 것입니다. 그런데 작금의 우리들은 어떻게 하고 있습니까. 정말 많은 반성을 해야 합니다.”

한지민은 옛날 소대장 시절, 오만방자한 방첩대 병장이 지휘관인 자신에게 양해도 구하지 않고 행군을 정지시키고 자기 임무만 주장하는 놈을 향해 참지 못하고 철모로 내리친 사건으로 방첩대에 끌려가 겪은 수모를 떠올렸다. 장교가 일개 사병에게 개 패듯 얻어터졌다. 조장이란 대위 놈은 끝까지 모른 척 외면하고 있었다. 쥐꼬리만 한 권력으로 무식하게 개판치던 그들의 모습에 한지민은 치를 떨었다.

옛날 소대장 시절 방첩대원들의 횡포가 갑자기 회상되어 본인이 겪은 내용을 결론으로 인용했던 것이다.

"근무에 있어 '절대로 월권하지 말고 겸손하라.'는 것이다. 알겠나? 이상이다."

한지민이 이곳에 부임하여 첫날 대원들에게 당부하고 하달된 지휘지침은 '월권하지 말고 겸손하라.'는 것이었다.

이 말은 한지민에게 한평생 부대 지휘 지침이었고 자신의 좌우명이 되고 있었다.

박정희 제4공화국 유신시대의 특징은 강력한 통치를 위해 박 대통령이 '중앙정보부'와 '보안사'라는 두 정보 라인을 최대한 활용한 것이다. 그만큼 그들에게 융통성과 권한을 주었다. 특히 보안사의 임무는 몹시 다양하여 모든 사람이 두려워하였다. 이들에게 계급은 두 번째이고 직책이 우선이었다. 비록 한지민의 계급은 대위지만 그가 발휘하는 힘은 정말 막강했다. 그래서 관내 군부대 지휘관은 물론이고 경찰서장 및 민간 기관장들이 한 대위의 눈치를 살펴야만 되는 시대적 배경 속에서 살고 있었다.

아침부터 4월의 봄비가 심술 바람과 함께 내리고 있었다. 길가의 벚꽃잎들이 살랑대는 봄바람으로 떨어져 하얗게 바닥을 수놓고 있었다. 한지민은 당진 부관 박창대 상사의 안내로 당진 초도를 방문하고 있었다.

"그래. 지금 어떻게 지내고 있소? 보안상 문제는 없는 거요?"

"네. 무난히 잘 지내고 있습니다. 아직은."

차 속에서 두 사람이 얘기하는 중에 차가 갑자기 군청 방향으로 핸들을 꺾는다. 교통 표지판을 보고 한 대장이 물었다.

"지금 어디로 가는 거요?"

"군청으로 갑니다."

박 부관이 얼른 대답했다.

"누가 군청이라 했소? 파견대로 가요."

박 부관이 당황한 음성으로,

"대장님! 이곳 군수 이하 간부들과 예비군 중대장이 군수실에서 대장님을 기다리고 있습니다. 우리 서 중사도 거기에서 대기하고 있습니다."

"그건 당신 생각이지, 내 의견이 아니잖소. 안 그래요?"

"예. 그건 그렇습니다만…. 대장님 지시 없이, 제 잘못입니다.

박 상사는 몹시 미안해 한다.

"박 부관은 아직 나를 잘 모르고 있군요. 서산 유 부관한테 좀 알아보시오. 우리가 뭔데 군청에 가서 군수를 만나 브리핑을 받는 등 법석을 떤단 말이오?"

한지민의 음성은 조용했지만 불쾌한 빛이 역력했다. 박 부관의 이마에 식은땀이 송골 맺혔다. 31살, 어린 동생뻘 되는 새파란 젊은이의 카리스마에 당황하고 있었다. 그러는 사이 차는 어느덧 당진 파견대에 도착했다.

"서 중사를 이쪽으로 빨리 부르고 군수에겐 적당한 이유를 대서 양해를 구하시오."

"네. 그렇게 하겠습니다."

박 부관은 지난번 특별교육 때 유성에서 한 대장을 잠깐 보았지만 역시 소문대로 깐깐한 사람이라고 생각했다.

박 부관으로부터 관내 상황을 거의 다 보고 받았을 때쯤 서동철 중사가 도착했다.

서동철 중사, 그는 누구인가?

서울 출생. 미혼 29세. 서울 C대학 2년 중퇴. 방첩 하사관 출신. 한지민은 이미 서 중사의 신상 카드를 확인한 바 있었다.

서 중사는 이곳 석문면 본가에 살고 있는 거물 간첩 황동언의 살림살이 및 농사일을 전담하는 집사로 위장하여 같은 집에서 생활하고 있었다. 똘똘하게 보이는 서 중사가 한 대장에게 구십

도로 인사를 한다.

"처음 뵙겠습니다. 서동철 중사입니다. 울진 삼척의 영웅, 한 대장님을 모시게 돼 영광입니다."

서 중사는 서울 토박이답게 넉살이 좋았다.

"여기 앉아요. 지금까지의 모든 상황은 박 부관한테서 이미 들었고 오늘 당신은 지금 처해 있는 문제점과 애로 사항만 보고해요."

"네. 문제점과 애로 사항은 구분이 안 되고요. 한마디로 K 감시는 100% 커버 안 된다는 결론입니다. 다만 모든 것을 체념하고 전향을 결심한 상태니까 우리가 그에게서 별다른 징후를 발견하지 못하는 한 심정적으로 믿어주는 수밖에 별도리가 없다고 생각됩니다."

한지민은 서 중사의 말이 옳다고 생각했다. 별다른 징후가 구체적으로 어떤 것이 될까 그것이 궁금하였지만 한지민은 서 중사에게 물어보지 않았다.

"지금까지 K는 우리와 약속한 대로 특별한 일 없이 자연스럽게 잘 지내고 있습니다. 자기가 지금까지 살아오던 대로 그대로 합니다. 아무도 눈치 못 채지요. 그러다가 어느 날부터 심경의 변화가 행동으로 서서히 연결되는 모습들이 본인도 모르는 가운데 나타난다는 거지요. 이런 모습들이 '별다른 징후'가 아닐는지요?"

비교적 조리 있게 차분히 설명하는 서 중사의 표정이 너무나 진지하다. 서 중사는 계속 말문을 이어갔다.

"지금으로서는 행운이 뒤따라야 하고 우리 쪽에서 K를 끝까지 믿고 있다는 신뢰감을 주는 것이 매우 필요할 것 같습니다. 여생을 가족과 함께 편안하게 살 수 있을까를 100% 믿지 못하고 번민하는 부분도 있겠지요."

한지민은 서 중사가 매우 영리한 하사관이라고 또다시 생각했다.

"서 중사! 당신 대학에서 전공이 심리학이라 했지?"

"졸업도 못 했는걸요. 심리학은 맞습니다."

간첩 황동언의 집에서 집안의 먼 조카이자 집사로 위장하여 황의 일거수일투족을 감시하고 있는 서 중사였다. 장차 이어질 K공작의 시발점이오, 모체가 바로 여기인 것이다. K는 황동언을 지칭하는 보안 암호명이다.

간첩 황동언

간첩 황동언은 1953년 5월 충남 당진군 석문면에서 부농의 아들로 태어났다. 그의 부친 황경찰은 조상 대대로 물려받은 논과 밭을 잘 일구면서 성실히 살아가는 평범한 농사꾼이었다.

황동언은 이 집안 외동아들로 온갖 사랑과 귀여움을 독차지하면서 자랐다. 어렸을 때부터 성격이 괴팍하고 내성적이라 주위에 친구도 별로 없고 늘 혼자였다. 당진에서 고등학교까지 졸업하고 대학은 서울에서 줄만 서면 다니는 S대학 법학과에 진학했다.

황동언은 초등학교 5학년 때 어머니를 잃고 홀아비와 아랫마을 삼촌 집을 오가며 외롭게 자랐는데 대학생 청년이 되어서도 늘 혼자 있는 시간이 많았다. 이때 어린 황동언은 농사일에 바빠 자기에게 신경을 제대로 못써 주는 아버지보다 아랫마을 경팔이 삼촌을 더 따랐다. 아버지보다 공부를 많이 한 삼촌은 숙모와 더불어 어린 황동언의 눈엔 너무나 멋있게 보였다.

그러던 경팔이 삼촌댁은 동언이가 고등학교에 입학하던 해에 그렇게 하기 싫어하던 농사일을 몽땅 팔아 정리하고 일본으로 이민을 가버렸다. 이 무렵 황동언은 더욱 괴팍해지고 내성적인 성격으로 굳어진 듯했다.

그 후 황동언이 대학생 되던 어느 봄날, 그렇게도 그리워하고 보고 싶던 일본 삼촌이 여행 삼아 고향 집에 다니러 왔었다.

그때 동언은 삼촌한테서 일본 소식을 이것저것 많이 들었다. 그중에서 동언이가 가장 호기심이 갔던 이야기는 '재일교포 북송 협정' 대목이었다.

"그러니까 삼촌, 좀 자세히 설명해 봐요. 일본과 북한이 정식 으로 도장을 쳤다는 거요? 진짜로 재일교포들이 북한에 갈 수 있다는 말인가요?"

동언은 경팔이 삼촌의 팔을 잡아끌며 숨넘어가듯 답을 재촉했다.

"정말 그렇다니까. 너 아부지한테는 비밀이야. 쓸데없이 걱정 하니까…."

삼촌은 어린 조카에게 나지막한 음성으로 진지하게 말했다.

"그럼, 삼촌… 재일동포 아니면 못 가는 거야?"

"못 가지…."

"나… 가고 싶은데. 방법은 없나요?"

"꼭 가려면 유학을 와야 해."

"유학 가면 되잖아요? 나 유학 갈 테야."

"너희 아부지가 허락해야지."

"그건 내가 알아서 할게요. 삼촌! 꼭 도와줘요. 부탁해."

황동언은 삼촌에게 매달리듯 졸라댔다.

"그래. 어디 한번 연구해 보자꾸나. 거듭 말하지만 준비 완료될 때까지는 너희 아부지한테는 계속 비밀이다. 알겠지? 아는 날엔 산통 다 깨진다. 가고 싶음 약속 지켜야 한다."

"아따, 걱정 붙들어 매시우."

그때 이런 식으로 나눈 두 사람의 은밀한 대화가 사랑하는 조카를 거물 간첩으로 만드는 씨앗이 될 줄은 아무도 몰랐다.

이후 황동언은 일본의 삼촌에게 시간만 나면 전화를 해댔다. 이때 삼촌이 일본에서 숙모와 황궁이 있는 '신주쿠구' 어느 시장통에서 레스토랑을 크게 한다는 얘기는 들었어도 정확하게 무엇을 하는지는 황동언도 몰랐다.

신주쿠구는 도쿄의 도청 소재지가 있는 곳으로 삼촌은 처음부터 이곳에 온 것이 아니고 혼슈 지방에 1년쯤 살다가 이곳으로 옮겨 왔다고 했다.

대학생 황동언은 서울 학교생활에 적응을 잘 못 했다. 1학년 '후레쉬맨' 땐 각종 서클에 가입해 즐길 만한데 그것에는 도통 관심이 없고 오로지 일본 삼촌을 통해 북송선을 타고 북한에 가 보는 것이 꿈이었다. 지금의 모든 생활이 숨 막히고 너무 단조로워 견디기 힘들었다. 짜증 나고 답답할 뿐이다. 지금으로서는 청년 황동언은 시원한 북송선을 타고 지상의 낙원이라는 북한에 가 보는 것 외에는 아무것도 관심이 없었다. 그러던 어느 날 기다리던 일본 삼촌한테서 등기소포가 날아왔다. '게이오대학 입학통지서'였다. 삼촌이 어떻게 로비했는지는 모르나, 아무튼 대단한 파격이 아닐 수 없었다.

동언은 뛸 듯이 기뻤다. 아버지는 영문도 모른 채 그저 일본 동생이 고맙기만 했다. 어미 없이 외롭게 자랄 때부터 친아들처럼 잘 보살펴 주었던 동생이 일본 가서도 조카를 이토록 생각해서 사랑해주니 그저 고마울 뿐이었다.

1960년 5월, 청년 황동언은 홀로 사는 아버지와 작별하고 꿈에도 그리던 일본 유학길에 올랐다. 이웃 낯선 땅 일본이지만 어쩐지 동언에게는 낯설게 느껴지지 않았다. 거기엔 정다운 삼촌이 있기 때문이었다. 이렇게 해서 황동언은 구세주 같은 삼촌의 도움으로 게이오대학 경제학부 학생 신분으로 '재일조선인총연합회'에 가입하고 북송선 '만경봉호'를 타는 모든 절차를 밟을 수 있었다. 황동언의 머리와 가슴엔 답답함을 털어내는 변화의 호기심 같은 것만 있지, 조국이나 이데올로기 같은 고리타분한 의식은 전혀 없었다. 어쩌면 그것이 정상인지도 모르겠다.

지상낙원이라니 한번 가 보자는 식의 단순한 생각으로 시작한 행동이 한 인간의 운명을 비참한 구렁텅이로 빠지게 할 줄 누가 알았겠는가. 아무튼 황동언은 어려움을 무릅쓰고 여기까지 잘 도와준 삼촌이 한없이 고마웠다.

일조선인총연합회, 일명 '조총련'이다.

조총련은 1955년에 도쿄 아사쿠사 공회당에서 북한 노동당 사주에 따라 결성된 대표적인 친북 조직으로 규모가 가장 컸다.

조총련이 벌인 사업 중 가장 대표적인 것이 바로 재일동포 북송사업일 것이다. 그들은 북한을 지상낙원이라고 선전하면서 1980년까지 약 9만 명 이상을 실어 갔다. 황동언도 바로 이때 북송선 '만경봉호'를 타고 북한으로 들어갔다. 가자마자 정신 차릴 새 없이 바로 대남공작부로 분류되었다. 대남공작부 안에 통일전선부, 작전부, 대외연락부, 35호실 등이 있는데 황동언은 대외연락부로 재분류되었다.

대외연락부의 주요 임무는 간첩 남파, 공작원 밀봉 교육, 한국 내 고정간첩 관리, 한국 내 지하당 구축, 한국 내 불온사상 및 민심교란, 남한 내 노동당 조직을 유지·확대하고 정당이나 사회단체에 침투하는 간첩을 관리하는 것이다.

이들의 모든 목표는 한결같이 남조선 혁명을 통한 사회주의 통일이 그 목표였다. 황동언은 대외연락부 소속으로 사리원 초대소를 경유, 개성 밀봉교육원에 입교하였다. 피스톤 단기교육이 아닌 6개월 이상의 장기 코스였다. 주체사상 학습 교육과 엄청난 체력을 키우는 유격 훈련은 지금까지 고생도 모르고 살아온 동언에게는 정말 견디기 어려운 과정이었다. 그러나 황동언은 이를 피할 만한 방법이 달리 없었으므로 죽을힘을 다해 극복할 수밖에 없었다.

인간은 환경의 동물이라 했던가. 나약하고 여리기만 하던 동언이도 이젠 자신도 모르게 모든 환경에 적응할 줄 아는 강한 투사가 되어 가고 있었다. 황동언은 이제 옛날 그 황동언이 아니었다. 더 이상 가슴과 머리가 텅 빈 나약한 대학생이 아니다. 이젠 누굴 위해 살고 누굴 위해 죽을 것인지도 터득했다. 오로지 남조선 혁명을 통한 사회주의 통일에 기꺼이 내 한목숨을 바칠 수 있노라고 자신 있게 말할 수 있었다. 이때 황동언의 나이 26세였으니 어버이 김일성 장군에 대한 충성 서약이 얼마나 뜨거웠을까.

15년간 남한 땅에서 간첩으로 암약해 왔고, 김일성 생일에 맞춰 10번이나 평양에 초대되어 김일성 최고 훈장도 수령한 바 있는 지난날의 혁명 투사가 순순히 우리 편이 되었다.

"당신이 100% 협조하면 당신의 죄상도 100% 상쇄해 주겠다."는 수사책임자의 말을, 황동언은 처음부터 믿고 전향했을까.

그동안 황동언은 너무나 많은 것을 보아왔고, 이미 모든 것을 알고 있었다. 일일이 설명할 필요가 없었다. 자신이 지금까지 '헛살아 온 것'을 그는 오래전부터 알고 있었던 것이다. 어쩌면 그래서 체념도 빨랐는지 모른다.

드보크(Dvoke)

　'드보크(Dvoke)'란 간첩 장비 비밀장소를 일컫는 말이다. 무인 포스트 또는 무인함이라고도 한다. 고정간첩들이 이곳을 비밀 약속 장소로 많이 활용한다.

　여름을 알리는 5월의 햇볕이 한낮엔 제법 따갑다. 정오를 한참 지난 시간이니 여름 냄새가 완연하다. 푸른 하늘엔 구름 한 점 없다. 방포해수욕장에서 이따금씩 불어오는 해풍에서 바다 특유의 비릿한 짠 냄새가 기분 좋게 풍겨 왔다.

　승언리 초등학교 운동장에 군용 헬기가 요란한 굉음과 모래 먼지를 흩날리며 사뿐히 내려앉았다. 이윽고 팔소매에 '콜레라 대책본부'라고 쓴 완장을 찬 사내들이 순서대로 내리고 있었다. 모두들 흰 가운을 입은 걸 봐서 군의관(軍醫官)들인 모양이다. 학교 확성기에선 콜레라 예방접종을 하라는 멘트가 계속 반복되고 있었다.

　어느새 어린 학생들이 학년별로 줄을 섰다. 그리고 동네 아줌마와 청년들이 모여들기 시작했다. 그리고 그 틈을 타 몇 사람은 잽싸게 학교 건물 뒤로 사라지고 있었다.

　"충성!"

　미리 와서 부하들과 대기 중인 한지민이 앞장서 오는 뚱뚱한 사내에게 인사를 한다.

　"인사는 생략이다. 별일 없는가? 준비는?"

　사내는 극히 사무적이고 빠른 말투로 한지민을 다그친다. 이 사내는 보안사 대공처 공작과장 정금수 중령이다. 정 과장은 또 다른 두 사람을 데리고 왔는데 그들은 '드보크' 기술자들로 보였다.

　"네. 준비 완료입니다. 대원들이 기술적으로 사주경계하여 보안상 이상 없습니다."

　"알았다. 서둘러라."

　정 과장의 얼굴에 긴장감이 돌고 있었다. 일행은 한지민이 미리 대기시켜 놓은 승용차에 빠른 동작으로 올라타고 방포해수욕장 방향으로 달리기 시작했다. 비포장도로 굴곡으로 차량이 몹시 덜커덩거렸다. 얼마 후 저 멀리 학암포 해수욕장이 보이고 뒤로는 연포해수욕장도 희미하게 보였다. 차는 계속 달려 드디어 일

행은 방포해수욕장에 도착하였다.

안면도 방포해수욕장! 안면도는 우리나라에서 여섯 번째로 큰 섬이다.

충남 태안군 안면읍과 고남면을 이루는 섬 덕분에 주변에 풍광이 좋은 해수욕장들이 많다. 이중 방포해수욕장이 모래사장이 길고 깊어 밀물 만조 시엔 선박 접근이 가장 용이했다.

일행은 방포해수욕장 입구에서 누가 볼세라 빠른 동작으로 차에서 내렸다. 그리고 뒤쪽으로 빤히 올려다보이는 '64고지'를 빠른 걸음으로 오르기 시작했다. 그 정상에 목둘레 굵기의 소나무 두 그루가 한 아름 간격으로 굳건히 서 있었다.

"바다를 향해 오른쪽 소나무 밑이다!"

지도 쪽지를 살피면서 정금수 과장이 나직이 힘주어 위치를 지적해 준다.

"이곳이다. 찔러 봐!"

사령부에서 따라온 두 사람이 지금까지 기다렸다는 듯이, 갖고 온 피뢰침같이 생긴 꼬챙이로 15도 각도에서 땅을 쑤셔댔다.

"이상 없습니다."

"그래. 그럼 파 봐."

파보란 지시가 떨어지자 미리 와서 주변을 살피던 한지민 부하 두 사람이 야전삽으로 그 소나무 밑을 파기 시작했다. 이내 견고히 포장된 물건들이 쏟아져 나왔다.

이곳이 바로 그들의 '드보크(Dvoke)'인 것이다. 드보크란 무인 매설지를 말하며 이곳을 통해 새로운 간첩을 침투시키거나 살상용 장비, 무전기, 난수표 등 간첩 장비를 전달한다. 땅을 파기 전 꼬챙이로 쑤셔보는 것은 안전수칙이다. 배신으로 판단될 때는 터지는 폭탄을 매몰할 때가 있기 때문이다.

"빨리빨리! 서둘러!"

정금수 과장의 재촉을 받으며 이들은 미리 준비된 더플백에 물건들을 쑤셔 넣고 파헤친 흙을 감쪽같이 원상 복구시켰다. 그리고 얼른 그 자리를 떠났다. 유원지를 왕래하는 사람들 중 누가 고정간첩일지 아무도 모른다. 놈들의 조직은 대부분 이중 감시망을 운영하는 것이 특징이므로 더욱 조심해야 한다. 보안이 누설되는 날엔 이번 K공작이 완전 실패로 돌아가기 때문이다.

일행이 다시 승언리 초등학교로 돌아왔을 때는 콜레라 방역 사무도 거의 파하고 있었다. 타고 온 헬기가 시동을 걸며 요란한 굉음과 먼지 바람을 온 사방에 뿌려대고 있었다.

"한 대위! 오늘 수고 많았어. 계속 수고하게."

"주변 눈총 때문에 점심 대접도 못 했습니다. 용서하십시오."

"천만에."

언제 봐도 시원시원한 정 중령이다.

"이거 받으십시오. 미리 축하드립니다."

한지민은 이틀 후면 대령으로 진급하는 정금수 중령에게 계급장과 지갑 선물을 건네줬다.

누구든지 자신에게 관심을 보일 때 가장 즐거워한다. 그리고 선물은 크나 작으나 성의가 있을 때 주는 사람을 기억하는 것이다. 한지민은 사람 좋은 정금수 과장한테 늘 기억되기를 희망했다.

"고마워! 역시 한 대위야."

요란한 헬기 엔진 소리에 목청이 아프다. 헬기는 상공을 한 바퀴 선회하더니 어느새 시야에서 사라졌다.

'이번 K공작은 꼭 성공해야 한다. 내가 이곳에 선발되어 투입된 것도 이 작전을 위해서가 아니던가.'

한지민은 두 주먹을 불끈 쥐었다. 오늘 드보크 시험도 성공이다. 지금까지는 북한 당국이 황동언이 체포되어 역용당하고 있다는 사실을 까맣게 모르고 있는 듯했다. 그 증좌가 바로 오늘 성공한 드보크 시험이었다. 이제 다음 단계는 놈들을 이곳으로 유인해서 일망타진하는 일이다.

대공 사업에 몸 바쳐 국민과 국가를 보위하는 요원들의 사명 의식은 이렇게 눈물 나도록 처절한 것이다. 그렇다고 해서 냉전의 산물인 흑백이분법에 사로잡혀 이념의 양극화로 선진의 길을 막는 어리석은 자들도 아니다. 그들은 평화로운 우리 가정에 흉기를 든 강도들이 침입해 저들 멋대로 사랑하는 가족을 유린하는 것을 철저히 격퇴시키고자 할 뿐이다. 공권력으로 국가가 국민의 생명과 재산을 보위할 책무가 있지 않은가.

지금도 우리 앞마당에서 암약하고 있는 북한 고정간첩의 수는 이루 말할 수 없을 것이다. 그것은 공중에 발사하는 고정간첩들의 전파로도 충분히 감지할 수 있다. 경제가 고도성장하여 삶이 아무리 풍요로워진다 해도 내부적으로 놈들의 음모가 조성된다면 언제 터질지 모르는 시한폭탄처럼 국민의 삶이 얼마나 불안해지겠는가. 그래서 오늘도 죽기 아니면 살기로 방어벽을 구축하는 데 신명을 다하는 것이다.

다부동 전투를 통해 6.25를 재조명

오경자
(수필가, 국제PEN한국본부 고문)

전쟁은 하나님께 속한 것이다.(삼상 17:47)

구약의 말씀이다. 6.25 한국전쟁을 보면 이 말씀의 정수를 짐작하고도 남음이 있다. 아무리 생각해 봐도 그 전쟁에서 우리가 살아남을 수 있었다는 게 기적 중의 기적이 아닐 수 없다. 전쟁 발발 시초에 유엔군의 파병 결정에서부터 하나님께서는 구체적으로 간섭하시고 주관하셨다는 것을 우리 기독인들은 잘 알고 믿고 있지만, 일반인들은 그렇지 않다. 지난 일이니 잊기도 했고 그저 열심히 싸워서 살아남았다고 믿는 게 대부분의 생각이다.

그 여름의 전쟁이 얼마나 치열하고 우리의 숨통을 눌렀는지 잘 기억하지 못하고 있다. 9살 어린 나이에 서울 한복판에서 그 전쟁을 겪은 필자로서는 지금도 거리에 여러 장씩 연결해서 붙여 놓은 한반도 지도를 잊을 수 없다. 한 장도 아니고 몇 장을 이어 붙여 놓은 것은 홍보 효과의 극대화를 위한 것이었겠지만 언제 그렇게 부지런하게도 관리를 하는지 아침에 나오면 벌써

빨간색이 늘어나 있었다. 파죽지세로 대책 없이 밀려 내려가던 전선을 따라 날이 지날수록 붉은색은 점점 남으로 밀려 내려가 어느 날은 부산 있는 쪽의 아주 조금만 하얀색이 남아 있었다. 그야말로 손톱만큼만 남아 있게 되었다.

바로 그때 다부동이라는 전선에서 백선엽 장군이 절체절명의 승리를 얻어냄으로써 전세가 역전되고 그야말로 우리는 기사회생하게 된 것이다. 낙동강을 사수하고 대구를, 부산을 지켜 내면서 전세를 역전시키는 계기가 되었다. 열세라는 말로도 다 설명이 안 되는 엄청남 병력의 차이 등 도저히 이길 수 없는 형편에서 백선엽 장군은 '내가 물러서면 나를 쏘라'고 부하 등을 독려했다. 그야말로 죽음으로 지킨 전선이었다. 바로 이 빛나는 전사를 박진감 넘치는 작품으로 승화시킨 『다부동 전투』의 출간을 진심으로 축하드린다. 소설가 채수정은 연전에 백선엽 장군의 일대기를 『하늘의 별이 되어』라는 소설집으로 발간한 바 있는 역량 있는 중견 소설가이다. 그는 일찍이 고려대학교 국문과에서 강의 중 스승 조지훈 시인으로부터 다부동 전투의 종군기를 직접 들은 바가 있어, 감수성 예민할 학창 시절에 이미 백선엽 장군과 다부동 전투에 깊이 빠져 있던 준비된 작가이기도 하다.

이번에는 다부동 전투 자체만을 다룬 작품에 다른 단편들을 한데 모아서 다부동 전투라는 단편집을 상재 하였다. 광복 80주년에 6.25전쟁 75주년을 맞는 올해 역사적인 저서를 출간한 노고에 깊이 감사드린다. 6.25를 겪은 세대가 거의 지구를 떠나가고 있는 작금의 현실에서 낭만적인 생각으로 공산주의자들을 바라보는 시선이 있다면, 이를 차단시킬 지름길은 바로 이런 역사적 사명을 갖고 집필되는 문학 작품들이 아닐까 하는 생각이다.

작가는 장로로서 기독인의 양심과 소명 의식을 갖고 매사를 처리하는 신앙인이다. 그가 하나님께 올리는 기도의 심정으로 집필했을 『다부동 전투』는 분명 이 나라 젊은이들의 골수를 쪼개는 귀한 역사를 일으키는 책이 될 것이라 확신한다. ROTC 장교로서 군대도 잘 아는 소설가 채수정의 역작 『다부동 전투』를 읽고 안보와 살길, 그리고 통일을 준비하는 국민이 되기 위해 이 책의 일독을 권하는 바이다.

하루 빨리 통일이 되어 대동강가 부벽루에서 감사예배를 함께 드리는 날을 믿고, 기다리며 거듭 축하의 인사를 드린다.

백선엽 장군과
6.25 전쟁의 진실을 전하는 등불

한규성
(백선엽장군기념사업회 회장)

채수정 작가님의 '단편소설선집' 출간을 진심으로 축하드립니다. 채 작가님은 참 애국 소설가로, 우리 백선엽장군기념사업회 설립 때부터 소속 작가로 함께 많은 일을 해 오고 있는 귀한 ROTC 선배님이십니다.

그는 기념사업회 첫 사업으로 백선엽 장군 실록 장편소설 『하늘의 별이 되어』를 써서, 서울과 부산 등지를 순회하며 북 콘서트(Concert)를 열었습니다. 이때 책은 모두 무료로 증정하고 채 작가님은 무대 위에서 관객들과 호흡을 같이 하며, 다부동 전투의 구국의 영웅, 백선엽 장군을 통해, 잊힌 6·25 한국전쟁의 진실과 백 장군님의 영웅성을 몸소 몸으로 알리고 있었습니다.

저는 이때 참 애국(愛國)이 무엇인지를 볼 수 있었습니다. 이 당시 저는 채수정 작가님과 함께하면서 지금도 잊을 수 없는 두 가지의 큰 감동의 기억이 있습니다.

그 하나는 백선엽 장군의 실록 장편소설 『하늘이 별이 되어』 책이 어려운 관문인 국방부 진중문고로 선정, 국방부에 처음으로 납품되므로, 전교조 지도 아래서 자란 6·25전쟁의 진실을 잘 모르는 국군 장병들이 지금도 이 시간, 열심히 이 책을 읽고 있다는 사실은 하나의 큰 사건이 아닐 수 없습니다.

또 다른 하나는 괴산에 있는 육군 군사학교에, 하계 교육차 입교한 ROTC 남녀 예비 후보생 3,000여 명에게 이 책을 무상으로 증정했습니다. 그리고 그들의 독후감 등을 통해, 6·25 전쟁 실상을 제대로 알게 하는 등의 공로(功勞)는, 당시 백선엽장군기념사업회 회장으로서 얼마나 큰 보람이었는지 모릅니다.

이 모든 것은 애국 소설가 채수정 님과 함께할 수 있었기 때문이라 생각하며 채 작가님께 무한한 감사와 존경을 표하는 바입니다.

그는 팔순이 넘는 높은 연세에도 쉼 없이, 이번에도 구국의 영웅, 백선엽 장군의 『다부동 전투』라는 타이틀로 단편소설선집을 출간하시는 놀라운 그 열정에 다시 한번 경의를 표합니다. 더욱 감사한 것은 기념사업회에서 매년 해오던 '백선엽 장군 음악회'를 금년은 국내 정치 상황으로 못 할 뻔했는데, 다행히도 소음악회지만, 이렇게 출판기념회와 같이할 수 있게 되어 얼마나 다행인지 모르겠습니다. 다시 한번 감사드립니다.

만수무강하시고 계속 증진하여, 애국 문학 소설가로서 자리매김을 더욱 확실히 하시고, 계속 이 나라 청소년들의 등불이 되어 주시기를 간절히 기도합니다.

참고 문헌

국방부 군사편찬연구소 『6·25전쟁사』(전 11권) 2004~2013
『한국전쟁사』(제1권) 1967년
백선엽. 『군과 나』 대륙연구소. 1989년
백선엽. 『실록 지리산』 고려원 1992년
이병주. 『지리산』 한길사. 2006년
백선엽. 『나를 쏴라』 중앙일보. 2010년
유광종. 『백선엽을 말한다』 책밭. 2011년
백선엽. 『징비록』 책밭. 2016년

백선엽 장군 연표

1920. 11. 23 평안남도 강서군 강서면 덕흥리 출생

1946. 02 군사영어학교 졸업

1946. 02. 26 국방경비대 입대. 중위 임관 보병 제5연대 A소대장

1947. 01. 01 제5연대장. 중령 진급

1947. 12. 01 제3여단 참모장

1948. 04. 11 통위부 정보국장 겸 국방경비대 총사령부 정보처장

1949. 07. 30 제5사단장(광주)

1950. 04. 23 제1사단장

1950. 06. 25 한국전쟁 발발

1950. 07. 25 준장 진급

1951. 04. 15 제1군단장, 소장 진급

1951. 07. 10 휴전회담 한국대표

1951. 11. 16 백 야전 전투사령부 사령관

1952. 01. 12 중장 진급

1952. 07. 23 육군참모총장(1차)

1953. 01. 31 대장 진급(한국군 최초의 육군 대장)

1954. 02. 14 제1야전군 사령관

1957. 05. 18 육군참모총장(2차)

1959. 02. 23~1960. 05. 31 연합참모본부 의장

1960. 07. 15 주 중화민국 대사

1961. 07. 04 주 프랑스 대사, 스페인, 포르투갈, 네덜란드, 벨기에, 룩셈부르크,
　　　　　　　아프리카 13개국 대사 겸임

1965. 07. 12 주캐나다 대사

1969. 10. 21~1971. 01. 25 교통부장관

1971. 06.　　　충주비료(주) 사장, 호남비료(주) 사장

1973. 04~1980. 03 한국종합화학공업(주) 사장

1989. 07~1991. 12 전쟁기념관 후원회 회장

1989. 12~1991. 12 성우회 회장

1998. 09~2021. 07 6·25전쟁 50주년 기념사업회위원장, 한국전쟁기념재단이사장

다부동 전투
채수정 소설선집

2025년 11월 10일 1쇄 발행

지은이 / 채수정

발행처 / 도서출판 한생명

경기도 고양시 덕양구 화정로 53-1
글로리아프라자 404호
Tel 031) 968-4207~8, 010-9266-4208

등록 / 제406-2020-000061호

* 잘못된 책은 바꿔 드립니다. 값 20,000원

ISBN : 979-11-970915-4-4

후원계좌 : 기업은행 427-129035-01-013 (도서출판 한생명)